和の影が日本人を苦しめている

平成の衰退マインドは捨て去れ！

澤田幸展

展転社

はじめに

「光強ければ、影もまた濃し」（ゲーテ）。

人柄で言えば、積極的な人は、往々にしてガサツな人である。バイタリティあふれる人は、得てしてしんどい人である。優しい人は、しばしば優柔不断な人である。「長所は即短所」、ということだ。

国柄とて、同じであろう。「和を以って貴しと為す」が、日本の国柄。仲間同士での緊張が高まらないことを最優先した精神は、優しさや絆《きずな》となって、和の光を放つ。だが、本書で注目するごとく、「空気の支配」、「世間益による国益の食い破り」、「減点法のリスク回避」、「過剰適応による自己喪失」などといった、和の影をも落とす。

加えて、和とともに神道の精神的背骨を成す、穢《けが》れや言霊《ことだま》。清流のように澄んだ心を美しいと見なすのは、穢れの光だが、血を穢れと見て「軍隊を嫌う平安貴族もどき」になってしまうのは、穢れの影だ。また、言葉には霊的な威力が宿るとして自己を慎ましやかに表現するのは、言霊の光だが、その霊威を信じる余り「リアリズム欠如の思考停止」に陥るのは、言霊の影である。ちなみに、本書で和の影と言った場合は、狭義の和の影に穢れの影や言霊の影まで含めた、全体を指すものとする。

図表1をご覧いただきたい。本書が語ろうとする内容を要約した、いわば道案内である。

図表の左端から、話は始まる。和の光と影は、地理的条件・大量死・食形態という三つが主な要因となって、日本に誕生した。開闢《かいびゃく》以来、変わることのない通奏低音を成して今日まで続いており、未来永劫、続くことであろう。その意味でなら、図表の左端から右端まで、あらゆる時代を通して日本人は何ら変わらない。

幸いなことに、半ば鎖国を続けていられた江戸時代までは、それなりのハーモニーを奏でていたと思われる。だが、マキャベリズムの支配する国際社会へ放り出された明治以降は、和の影が増強し、とかく表面化するようになった分、苦しまざるを得ない場面が多々あった。そして、半ば以上は運命的であったにせよ、アメリカなどの総掛かりで追い詰められた、先の大戦（日本の側からすれば、大東亜戦争）。和の影が、大きく災いした瞬間であった。

そうした和の影による災いは、戦後も続いている。それどころか、いま一つの災いまで、新たに出現した。アメリカによる日本弱体化工作や呼応する国内外諸勢力の動きに翻弄されて、「国家の正当性と士気の喪失」という退嬰化《たいえいか》を来したのだ。しかも、和の影が触媒作用を発揮し、退嬰化は深刻になってしまった。まさしく、本書のメインタイトルにあるごとく、『和の影が日本人を苦しめている』。穢れの影や言霊の影も含めた、さらには、退嬰化に触媒作用を及ぼした、和の影が。

さて、図表の中央へ至って、平成の御代。東西冷戦の終焉（まさしく、平成元〈一九八九〉年）で幕を開け、バブルの崩壊、日米構造協議、そして、長期のデフレと、徐々に坂を転がり始

図表1　和の光と対比した「和の影＆退嬰化」の増強･減弱に関する平成までの推移と
令和に予想される希望的観測も込めた推移（3種類の苦難と2種類の深刻この上ない苦難には、
平成の衰退マインドが影響力を発揮している［ただし、後者には未だ目が入っていない］）

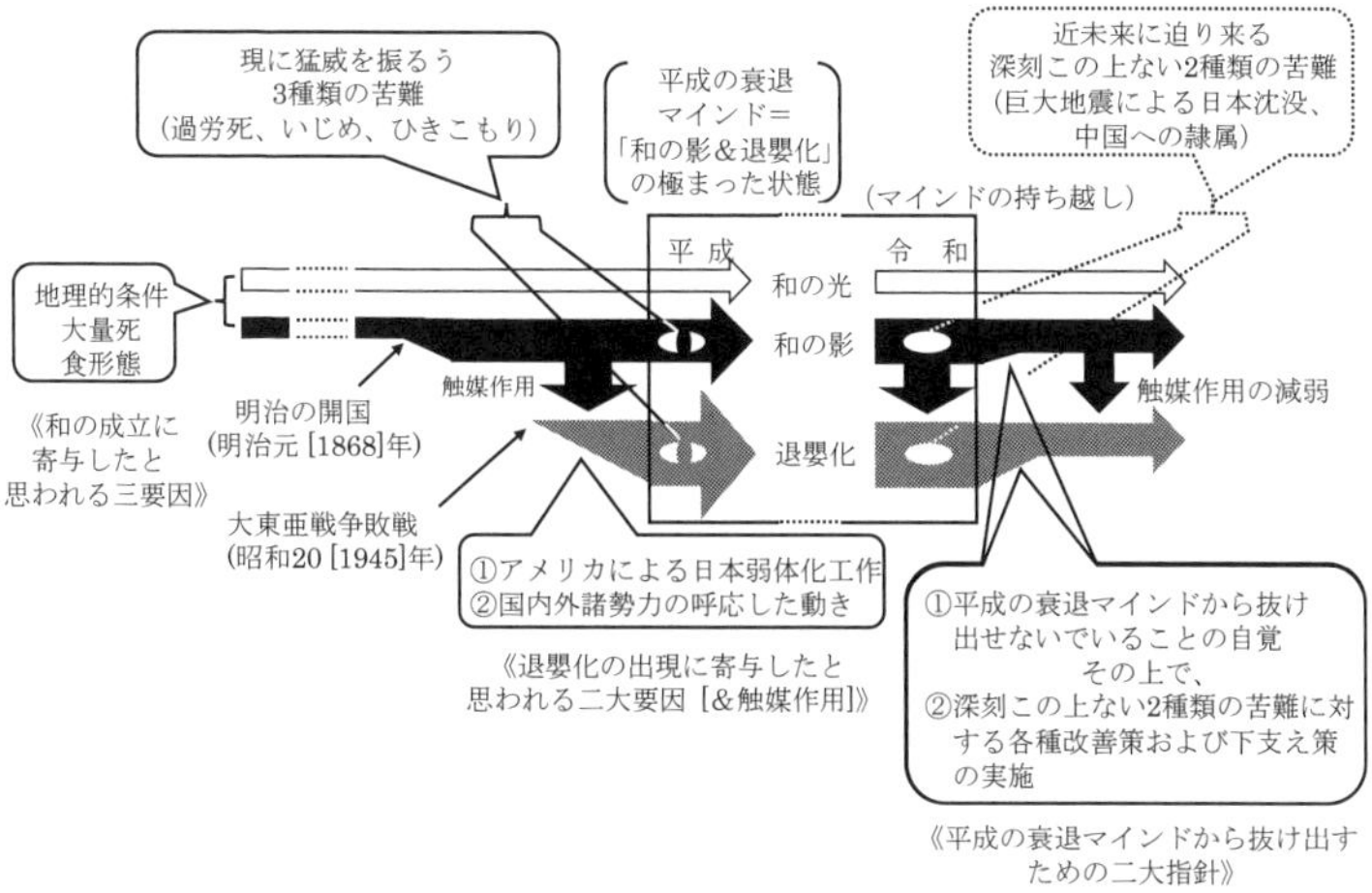

めた日々。日本の落日が迫りつつあるとの予感を、誰しもが抱かざるを得ない三十年間であった。この症状は、景気を上向かせれば（いわば、体を温めれば）、抜け出せそうに思えるかも知れない。そういう面は確かにあるだろうが、病気の根ははるかに深い。体を温める式のその場限りなやり方だと、慢性疾患に陥った患者のごとく、症状の軽快と悪化を繰り返すことであろう。

そこで、本書のサブタイトルが強調する、「平成の衰退マインドは捨て去れ！」。本格的な治療法は、これである。ちなみに、「平成の衰退マインド」とは「和の影&退嬰化」が極まった状態、と定義される。。昭和の敗戦後から形ができ始め、平成に至って完成を見たことから、「平成の」と冠される。この状態では、現状維持が狙われ、乗り越えようとの努力が為《な》されず、活力が失われている。成長マインドとは、ベクトルの向きが真逆だ。

昭和の内は、各界の指導層に旧制高校の精神と戦争の実体験が未だ生きており、何とか踏みとどまった。だが、平成に入り、これらの人々が第一線から退いて、戦後の平和教育世代が取って代わったあたりから、平成の衰退マインドは完成の域に達したのだ。筆者のイメージするところ、和の光に比べて和の影は二倍ほど、退嬰化に至っては三倍ほど、両者を合わせた「和の影&退嬰化」では五倍ほども増強されている有様だ。それを象徴するかのように、平成の日本人は、もはや凛として立つ気概を失ってしまった。

平成の衰退マインドは、日本社会を内部から崩壊させようとしている。すでに影響力を発揮している状況として本書が挙げるのは、「現に猛威を振るう三種類の苦難」（過労死、いじめ、ひきこもり）。「現に猛威を振るう」のだから、図表中では目が入っている。ただし、両目ともパッチリなのは、ひきこもりだけである。過労死やいじめは、和の影しか影響が及んでいないため、片目だけしか開いていない。そうではあるのだが、いじめは、ひきこもりの引き金になりやすい。また、過労死は、和の影が影響を及ぼす典型的なケースだ。これら三者を取り上げる所以《ゆえん》である。

次いで、図表の右側へ移って、幕が開いたばかりの令和。持ち越された平成の衰退マインドは、恐ろしい影響力を発揮しようとしている。「近未来に迫り来る二種類の深刻この上ない苦難」（巨大地震による日本沈没、中国への隷属）、がそれだ。「近未来に迫り来る」のだから、図表中では未だ目が入っていないものの、安閑としてはいられない。ちなみに、「巨大地震による日本沈没」の場合、巨大地震は間違いなく起こる。だが、問題は日本が沈没するかどうかであって、それは備えの如何による。「中国への隷属」に至っては、起こるも起こらないも、かなりの部分は当方の備えに掛かっている。

だとすれば、『平成の衰退マインドは捨て去れ！』とは、精神を鼓舞して行動を喚起する標語である。あらかじめ備えられればよいのだが、如何せん、エンジンが掛からないのだ。そこで先ずは、平成の衰退マインドに搦《から》め捕られている日本人としての己を、余すところなく自覚すること。「自分の弱点以外の場所に、自分を探しても徒労」（福田恒存『日本を思う』文春文庫）であってみれば、そこから始めるしか道はない。その自覚を持った上で、備えを固める作業に取り掛かることである。具体的には、改善策（国土強靭化、自衛隊の国軍化）や、その下支え策（地上波テレビの自由化、プライマリーバランス〈ＰＢ〉黒字化目標の見直し、真正エリートの養成）を、積極果敢に打つことである。

これぐらいの努力を絶え間なくやり続けることができれば、二種類の深刻この上ない苦難は近未来に迫り来ることもなくなろう。平成の衰退マインドはといえば、完全に捨て去れないとしても、必ずや好ましい方向へと転換する。これまた筆者のイメージながら、和の光と比べて和の影と退嬰化はいずれも一・五倍ほど、両者を合わせても三倍ほどの増強で、何とかとどまるようになる。そうすれば、凜として立つ気概も再び満ちて来よう。

希望的観測に過ぎないと言われれば、その通りである。実際のところは、百段も有ろうかという階段を、なみなみと水の入ったバケツを手に下げて、重力に逆らいながら上り続けるようなもの。それは重々承知している。だが、「平成の衰退マインドは捨て去れ！」を、標語倒れに終わせるわけには行かない。そんなことにでもなれば、せっかく令和へ御代替わりしたのに、お先真っ暗になること必定だ。

今からでも、遅くはない。まもなく彼岸へ渡る我が身はいざ知らず、八人の孫たちが生きる将来のことを考えると、遺言代わりに残すメッセージがあるはずだ。そうした思いも込めて、筆を執ることにした。

目次

和の影が日本人を苦しめている——平成の衰退マインドは捨て去れ!

第四章　近未来に迫り来る二種類の深刻この上ない苦難と改善策

第五章　深刻この上ない二種類の苦難に対する下支え策

第六章　補遺

第一章

明治以降に表面化した和の影

第一節　和の成立

和と神道

人の心の奥底には、宗教が存在する。それは、人が生きる上での安全根であり、深く根を張って強い影響を及ぼす。日本人の場合、自覚の有る無しは別として、神仏習合という形での神道がそれに当たる（田中英道『日本人にリベラリズムは必要ない』KKベストセラーズ）。

そして、和は、神道の心情的基盤を成すものである。あらかじめごく簡潔に言えば、和とは、仲間同士での緊張が高まらないことを最優先した精神である。ちなみに、和は、これと密接にかかわる穢れと言霊まで含め、和－穢れ－言霊の三幅対として扱ってもよい。ただし、本書の主要な関心事は和であるから、まずは狭義の和だけに焦点を当てよう。穢れと言霊については、別立てで論じる（後の「第四節」を参照）。

なお、和は日本の伝統でない、との指摘がある（池田信夫『戦後リベラルの終焉』PHP新書）。自力救済による報復（つまりは、「目には目を」）というホッブス的な自然状態が、日本の歴史の中でも圧倒的に長かった、というのだ。要は程度の問題であろうが、欧米諸国や中国と比べれば、和はやはり日本の伝統と筆者には思えるのだ。

とりあえず、神道とは何か、簡潔に要約するところから始めたい。平井嵩（『日本人の黙示思想』図書新聞）、井沢元彦（『仏教・神道・儒教集中講座』徳間文庫）などを、参考にしよう。

我が国の風土は温帯にあって、空気は湿潤、水に恵まれ、木々の生長は旺盛で、四季は明瞭に巡り来る。むろん、時には猛威も振るうが、我慢をすれば過ぎ去る一過性のものである。そうした、自然の息遣いを細やかに気配りしながら、ある時代からは皆々総出で稲作をこなして来た歴史の積み重ねである。こうした自然環境にあれば、我々の祖先が天地自然の万物に神を感じて、八百万の神々を祀る。つまりは、神道によって混沌たる万象を説明し、日々を安堵しつつ送ったのも当然であろう。

太古の世界がどこでもそうであったように、アニミズムである。ここで、アニミズムとは、ラテン語のアニマ（気息、霊魂）に由来し、あらゆる事物や現象に霊魂ないし精霊が宿る、と信じる観念・信仰のことである。

実際、山や石や大木を神と見なして拝む。山や森を神が降りて来る場所として信仰する。動物も魚介類も虫も草木も、生きているものはすべて仲間である。「草木国土悉皆《しっかい》成仏」という最澄（天台宗の開祖）の言葉は、仏教的な味つけが為されているものの、何と神道的なことであろうか。神道には、戒律もなければ教典もない。あるのは、敬神の心とわずかな儀式だけである。

神社の中では、稲荷社が三万以上ともっとも多く、狐を神の使いとして祀っている。狐さえ神なのである。普通では見られない極めて優れた特質を持っているものが、神として祀られやすいのだ。例えば、千年の歳を経た杉の樹とか、長年人々に水を与え続けている川などである。そして、倭男具那命《やまとたけるのみこと》のような人格神である。

ちなみに、「優れた」には、超常と異常の両方があり得る。後者の典型が、怨霊《おんりょう》神である。この世に尽きせぬ恨みを抱いて死んだ者（もっとも有名なのが、菅原道真《すがわらのみちざね》）の霊などは、自分を陥れた人間に対して祟《たた》りをなす恐れがある。このような邪神（菅原道真の場合は、天神様）も、丁重にお祭りして（天満宮に於いて）なだめれば、善神に転化すると考える。何とも大らかな、性善説である。なお、神道という言葉自体は、『日本書紀』（七〇二年）の中に、初めて登場する。大陸から仏教が伝来した頃（五三八年）には、新来の仏教に対して古道と呼ばれたりもしていた。

このような特徴を有する神道は、一つの宗教というより、心の在り方なのだと捉えることもできる。どのような心の在り方なのか。日本神話における善き心とは、「清く明けき心」であった。清流が透き通って清らかなように、曇りなく、隠しどころのない心の状態だった。したがってまた、鏡が何でもそのまま映すように、相手に従って感応するのが正直というものだと考え、相手に和して没我しようとする。「至誠天に通ず」（吉田松陰）で、誠があれば人を動かすという、楽観的な人間観にもつながる。

さて、神道のこうした心の在り方は、日本人独特の美的感受性へと結晶する。加瀬英明

(『ジョン・レノンはなぜ神道に惹かれたか』祥伝社新書)は曰く、「私たちは中国大陸や、ヨーロッパ大陸とちがって、善悪よりも、美を尺度として生きてきた。清く潔いことを重んじて、穢れを嫌ってきたのも、美意識が働いている。日本人にとって善悪は、理屈によらず、美を基準とする感性から発している。世界のなかで、このような尺度を用いているのは、日本だけである」。

日常的にも、例えば和食は、人工的な味つけを染み込ませない生成《きな》りの料理である。つまり、「あるがままの姿を美しいと感じる美意識」(堺屋太一『歴史の使い方』日経ビジネス人文庫)が、日常の隅々にまで息づいている。この生成りの精神は、礼儀作法から始まって、伊勢神宮のたたずまいにまで行き渡っている。

藤原正彦(『名著講義』文藝春秋)も指摘するように、日本人は文学・芸術・数学・理論物理学などで、世界的に大きな貢献を為して来た。短詩としての俳句を物するというのも、美的感受性を重んじる国民性ならではの話である。日本人は、知だけでは本気で動こうとしない民族である。それが単なる美化であろうと、情に訴える大義が必要なのだ。

環境の厳しかったユーラシア

対して、ユーラシア(=ヨーロッパ+アジア)大陸に住む人々はどうか。

ヨーロッパは、アルプス以北が緯度でいえばシベリアとさほど違わない。そこに人が住めるのは、大西洋に流れる暖流のおかげである。それでも、太陽の光は弱く、土地そのものの生産力が乏しい。同じ場所に麦を連作することはできず、遊休地を設けて家畜を放牧することになる。麦が不作の年には、大量の餓死者が出た。こうして、アルプス以南の、しかも古代のギリシャやローマを別にすれば、大航海時代に至るまでのヨーロッパは、どちらかといえば世界の辺境で沈滞していた。これに対し、アラブは、古代ギリシャの自然学を継承発展させていたし、インドと中国は、二国だけで国内総生産（GDP）が世界の過半を占めていた。アラブやインドや中国には、活力があったのだ。

とはいえ、アラブは総じて乾燥地帯のため水に餓えねばならず、インドは熱暑の地で、ブッダが生を苦と感じねばならぬほど、辛い気候であった。中国大陸もまた、大洪水や遊牧民族の絶え間ない侵略に、苦しまなければならぬ土地だった。

こうした厳しい環境を背景とし、かつ、多民族が点在するユーラシア広原の中で（次項「日本の地理的条件」も参照）、宗教的・文化的なものが形成された。西洋や中国でも、出発点は、アニミズムであった。だが、西洋の場合なら、アニミズム的なものは駆逐され、最終的にはキリスト教へ結実することとなった。また、中国の場合なら、アニミズムの発展形ではあるものの、政治色の強い儒教へ実を結ぶこととなった。こうして、天上に神を措定《そてい》する（ユダヤ教や、そこから枝分かれしたキリスト教およびイスラム教）、あるいは、この世の理想的な人倫道徳や支配秩序を構想する（儒教）、ようになったのだと思われる。ちなみに、仏教（やバラモン教）などインドの宗教では、この世からの解脱を希求する、という方向が目指された。イエス・キリストやマホメット、孔子、そして、釈迦の教えである。

日本の地理的条件

大石久和（『国土が日本人の謎を解く』産経新聞出版）などを、参考にしよう。和の成立に寄与したのは、次の三要因と思われる。すなわち、

①主たる要因＝地理的条件（⑪孤島かつ⑫小規模村での生活のため、集落内での揉め事を忌避する）

②副次的要因㋑＝大量死（自然災害よるため、諦めて受容する）

③副次的要因㋺＝食形態（「魚介＋穀物（米・雑穀）」複合体のため、コントロール欲求が弱い）

まずは、「①主たる要因＝地理的条件（⑪孤島かつ⑫小規模村での生活のため、集落内での揉め事を忌避する）」。同一民族が日本という自然条件に恵まれた孤島の中で、小規模村を成して点在したことは、大いに効いた思われる。そこで、「⑪孤島」という条件であるが、日本が大陸から地理的に切り離されたのは、約二万年前。それ以来、真ん中に対馬は存在するものの、朝鮮半島と日本列島を隔てる対馬海峡の幅は、およそ二百キロメートルのまま。ユーラシア大陸はさまざまな民族のぶつかり合う紛争の坩堝《るつぼ》だが、我が国は孤島という条件が幸いして、

そうした紛争影響圏の外に立つことができた。

実際、鎌倉時代中期の元寇（文永の役〈一二七四年〉および弘安の役〈一二八一年〉）による一時的混乱を別とすれば、江戸末期に至るまで半鎖国状態を続けることができた。こうして、日本列島の位置からすると、対馬海峡は中国の進んだ文化を受容できたが、敵の大軍が押し寄せるには幅があり過ぎた。つまりは、絶妙な緩衝帯として作用したのである。

いま一つの「⑫小規模村」という条件であるが、江戸時代における全国の村の数は約六千三百余り。現在の市町村数は約千八百であるから、単純平均して一つの市町村に三個～四個程度、江戸時代の村が含まれている計算になる。江戸時代の平均的な村は、石高が四百石～五百石（一石は、一人が一年間に食べる米の量に相当）、耕地面積が五十町歩前後、人口が四百人程度であった。ちなみに、縄文時代の青森県は三内丸山遺跡が、やはり四百人～五百人程度の人口であったと推測される。つまり、何千年という期間、四百人～五百人程度の顔見知りの仲間が共同作業によって、灌漑《かんがい》設備の設置や水の配分、田植えや稲刈り、道普請や屋根の葺《ふ》き替え、冠婚葬祭などを協力し、分担して行って来た。

それら⑪および⑫の結果、集落の中での揉め事をもっとも忌避し、全戸参加による話し合いで物事を決めたり、争い事を解決したり、というやり方を採るようになったのだ。どの程度まで徹底して話し合いが為されたかといえば、反対者がいなくなるまで三日三晩もかかることがあったという。

　ところで、「⑫小規模村」が形成されたには、多少の説明が必要だ。三つの地理的条件が、かかわっていたと思われる。一つ目に、日本列島は不便な地形をしている（複雑で長い海岸線と細長い弓状列島）。その最大幅でも二百五十キロ程度に過ぎないが、東北端から南西端までの距離は、直線で測っても三千三百キロに達する。つまり、きわめて細長い地形をしている。地域間の連絡にしろ、物資の輸送にしろ、不便な地形といわざるを得ない。

　二つ目に、日本列島は分断される（脊梁《せきりょう》山脈の縦貫）。国土を千メートル～三千メートルという、標高の高い脊梁山脈が縦貫している。ほとんどの河川は、この脊梁山脈から発しているため、きわめて短く、急流を成す。また、国土が南北や東西に分断され、太平洋側と日本海側は鉄道や道路で結ぶのが難しい。

　三つ目に、日本列島は可住地が分散する（狭く少ない平野）。可住地とは、標高が五百メートル以下で、傾斜しておらず、また、沼沢《しょうたく》でもないような土地を指す。ところが我が国の場合、それは国土面積の二十七％を占めるに過ぎない（ちなみち、イギリス＝八十五％、ドイツ＝六十七％、フランス＝七十三％）。しかも、この可住地が内陸地域では盆地として、また、海岸地域では河川が押し出して来た河口部の土砂の上にといった具合で、きわめて分散的にしか存在しない。関連して、現在では広く使えている関東平野や大阪平野も、かつては縦横に走る河川と各所に点在する小高い丘だけだった。長年にわたる河川改修が実り、河川の流路が固定されることで、まとまった土地利用が可能になった。それも、近世以降のことである。

これに対して、ユーラシアの場合は、自然条件に恵まれない広原で多くの民族が点在した。積極果敢に攻め込むことも起こったわけで、ユーラシアの過半を呑み込みかねない巨大なモンゴル帝国（一二七一年～一三六八年）なども出現した。カエサルのローマ軍にしたところで、すでに紀元前五十五年、約三十キロメートルに過ぎないドーバー海峡を渡り、大挙してイギリス遠征に打って出た。

大量死

次いで、「副次的要因㋑＝大量死（自然災害よるため、諦めて受容する）」。日本の場合、一挙に大量の人が死ぬとしたら、考えられるのは自然災害である。地震・津波、台風・集中豪雨・土石流、火山噴火などの大災害が、我々にいつ襲いかかって来るか、知れたものではない。しかしながら、我々はこの大地を恨み抜くことはできない。この大地を相手に再び私たちの生活を営むのであるから、死を諦めとともに受け入れるしかない。普段は恵みをもたらしてくれる自然の気まぐれなのだから、恨む相手がいないし、復讐の仕様がないのである。

こうして、大災害を経るたびに、この国では過去がリセットされ、現在や未来につながって行かない。我々日本人にとって、努力の成果や思い出の詰まった歴史は、川のように流れ去るものなのだ。阪神淡路大震災や東日本大震災における、国際社会が驚嘆した日本人の落ち着きぶりは、こうした死生観の表れといえよう。

対照的に、ヨーロッパや中国の広大な大陸において一挙に大量の人が死ぬとしたら、大半は紛争によってである。この場合は、恨んで復讐しようとする、激しい情熱と意志が持続することであろう。また、歴史は、流れ去ることなく積み重なる。

過去に起きた残虐な大量殺戮《さつりく》は、いずれもユーラシアに実例が挙げられる。実際、第一位が「第二次世界大戦（昭和十四〈一九三九〉年〜昭和二十〈一九四五〉年）」の約六千六百万人、第二位が「チンギス・ハン（一二〇六年〜一二二七年）」の約四千万人、同じく「毛沢東（昭和二十四〈一九四九〉年〜昭和五十一〈一九七六〉年）」の約四千万人であり、桁違いの大きさを示している。世界の歴史は、虐殺によって埋め尽くされており、とりわけ中国とかかわる死亡者数が際立っている。そういえば、蔣介石は支那事変（昭和十二〈一九三七〉年〜昭和十六〈一九四一〉年／中国との戦争はその後も続いたが、大東亜戦争へと呼称が変更）の折、日本軍の追撃を恐れて自ら黄河を決壊させ、百万人以上の同胞を水死させた。その彼は平然と曰く、「五千万人を超えない限り、中国にとって人命の損失は問題ない」。

ちなみに、フランス革命（一七八九年〜一七九九年）といえば、「自由・平等・博愛」を旗印として、いわば正義のために殺戮が行われた事例である。六十万人〜八十万人もの人命が、失われたという。こうした正義を実現せんがための殺戮、いわば「聖なる憎悪」（「第六章／第二節／第一項」を参照）は、すでに旧約聖書にも満ち満ちており、かのモーセに率いられた「出エジプト」では約百三十万人も殺害しているらしい。

なお、日本とかかわる虐殺は、島原の乱（一六三七年〜一六三八年）があるのみで、三万七千人程度に過ぎない。戦国時代（室町時代中期末の「応仁の乱」開始時〈一四六七年〉〜江戸幕府の開設時〈一六〇三年〉）がどうであったかといえば、武士が半ば儀式的に戦ったのみで、一般庶民が巻き込まれることはなかったらしい。

食形態

さらに、「副次的要因㋺＝食形態（「魚介＋穀物（米・雑穀）」複合体のため、コントロール欲求が弱い）」。鈴木孝夫（『日本人はなぜ日本を愛せないのか』新潮選書）によれば、日本とユーラシア諸国の世界観が根本的に違う要因の一つとして、食の問題を指摘する必要があるという。実際、日本は「魚介＋穀物（米と雑穀）複合体」であるのに対し、ユーラシア諸国は「家畜＋穀物（主として、小麦）複合体」である。魚介と家畜を比べたとき、家畜が人（これを利用し食する者）のコントロール欲求を格段に強めやすいことは、明らかであろう。つまり、ユーラシア諸国の「家畜＋穀物（主として、小麦）複合体」は、自然環境として影響力が行使しやすい対象といえるのだ。対照的に、日本の「魚介＋穀物（米と雑穀）複合体」は、これと折り合いをつけながらやって行くしか方法がない。コントロール欲求は、強まりにくいことであろう。

ここで、コントロール欲求とは、うまく行く行かないは別にして、環境に対して何らかの影響力を行使したいと欲することである。そして、環境という言葉には、他人はもとより、自然環境や自分自身さえも含まれる。その例は枚挙に暇がないほどで、他人を思うように動かしたい、自然の法則を理解して我々の望むように従えたい、自分の病気を治して元気になりたい。果ては、夜寝る前に明日のプランを立てるといった些細なことに至るまで、コントロール欲求を内に秘めている。この世で何が悩みかといえば、コントロール欲求の満たされない状況に陥った時である。がん患者の手記を読めば、この最も壮絶な闘いがありありと伝わって来る。

ついでながら、宦官という去勢の存在にしろ、食人の習慣にしろ、ユーラシア諸国の食形態である「家畜＋穀物（主として、小麦）複合体」と浅からぬかかわりがある。人間の去勢はその延長上にあるし、食人とて、相手を家畜程度と見なせれば実行可能なことであり得る。大量殺戮（ホロコースト〈holocaust〉）さえ、起こり得ないことではない。

西洋の場合でいえば、キリスト教会における男性の聖歌合唱隊員は、十九世紀の後半まで去勢していた。また、古代ゲルマン人には食人の習慣があったようで、それがキリスト教の聖体拝受（カトリックにおいて、神父がキリストの血と肉の象徴であるぶどう酒とパンを、信徒に与える儀式）に受け継がれた、とする説もある。

一方、宦官と食人は、いかにも中国的である。中国各王朝の宮廷において、宦官は皇帝の身の回りを世話する役目であったため、また、皇后を中心とした後宮に出入りができたため、次第に発言力を強めて行った。一方、食人の習慣ははるかに古く、孔子なども人肉を塩辛のようにした醤《ひしお》を毎日食べていたらしい。食われる方の人間は、支配階級の人間（儒教で言うところの「君子」）ではない、との意識があったものと思われる（石平と加瀬英明『ここまで違う日本と中国』自由社）。現代においてさえ、文化大革命の期間には、食人が大々的に行われている。毛沢東が自らの復権などを目的に仕掛けた権力闘争で、ほんの少し前（昭和四十〈一九六五〉年から約十年間）の出来事だ。

総じて和の成立した日本

以上、地理的条件、大量死、および、食形態の三要因に焦点を当てて、日本における和の成立を検討して来た。欧米諸国および中国の場合についても、比較検討を行い、和が成立するはずもなかったことを確認した。

総じて、和の成立した日本は、マキャベリズムに疎い、自己主張が弱い、リーダーが存在しない、そして、政治色が薄い国となった。対照的に、和が成立するはずもなかった欧米諸国および中国は、マキャベリズムに聡い、自己主張が強い、リーダーが存在する、そして、政治色が濃い国となった。

さて、それなりの必然性があって、日本では和が成立した。「はじめに」でも述べたが、半ば鎖国を続けていられた江戸時代までは、和の光と影がハーモニーを奏でていたと思われる。だが、明治に開国して以降、これまたそれなりの必然性があって、和が成立するはずもなかった欧米諸国の支配する（そして、いずれは中国もプレイヤーとして加わる）国際社会へ、放り出されたのである。それまで日本を引き立たせて来た和の光が後退し、和の影が表面化したとして、無理もなかった。早い話、こちらが一歩譲れば相手も一歩下がるのは、和の光が射す国内だけの常識で、そうした途端に一歩出て来るのが国際常識、というわけだ。

マキャベリズムに疎い国

和の成立した日本と、和が成立しようもなかった欧米諸国および中国。両者の違いとして最も興味深いのは、マキャベリズムに疎いか、聡いかであろう。「中国への隷属」という、近未来に迫り来る深刻この上ない苦難（「第四章／第三節」を参照）を考える上でも、避けて通れないポイントだ。本章のおさらいという意味も兼ねて、そのあたりをいささか踏み込んでおこう。

まずは、マキャベリズム（Machiavellianism）という名称。イタリア・ルネッサンス期の十五世紀後半～十六世紀前半に活躍したフィレンツェ共和国の外交官、ニッコロ・マキャベリの名を冠したものだ。政治は宗教や道徳から切り離して考えるべき、というリアリズム（後の「第四節／第二項」も参照）に徹した政治思想こそ、彼の真骨頂である。

どうして、そこまで徹することができるのか。人に特有の過剰な支配欲求（その基本がコントロール欲求。「第六章／第一節／第三項」も参照）が、もっとも政治的な現れ方をすればそうなるまでの話、という面はぬぐえない。「人間とは、支配欲に動かされた存在である。他人や他国を支配するという行為は、大国の指導者や軍人や言論人に、「生きる喜び」を与えてくれる」（日下公人と伊藤貫『自主防衛を急げ！』李白社）。ここまでなら、日本人であれ欧米人・中国人であれ、違いはないはずだ。

だが、どのような自然条件が、この過剰な支配欲求に磨きをかけるかである。すでに述べたところだが、ユーラシアは、自然条件にさほど恵まれず、広原が存在し、しかも、多くの民族が点在する。勢い、食うか食われるかの戦いが、数千年に渡って繰り返される結果となったのだ。ただ富んでいるだけで、他国から侵略されるという憂き目に遭う。略奪や奴隷化の犠牲になった国、そして、滅んだ国は、枚挙に暇がない。

そこで、自国を守ろうとすれば、テーブルの上で握手をしながらテーブルの下で足を蹴飛ばし合うなどは、日常茶飯事。強く自己主張しながら外交や軍事を硬軟両様に使い分ける術を、知悉《ちしつ》している。いざとなれば、「目的のためには手段を選ばない」ことであろう。マキャベリズムとは、政治がそのようなものであると腹をくくった心構えのことである。国を守るという責任がある以上は、悪を犯す自由もある、とまで覚悟するのだ（小堀桂一郎〈文学者〉の指摘）。こうして、ユーラシア大陸の国々は、そして、その後裔であるアメリカは、いずれもマキャベリズムに聡い国となった。かなりタフでラフな国々であるが、半ば以上は歴史的な必然であって、善悪の問題ではない。

一方、幸いなことに我が国は、ユーラシア大陸の東端から離れること、ドーバー海峡の比ではない。中華文明の影響は受けながらも、江戸時代の終わりに至るまで、元寇を別とすれば、大陸からの軍事的脅威に直接さらされることがなかった。内政をつつがなくこなすだけで事足り、外交や軍事は、磨かれる機会が少なかった。こうして、我が国は、マキャベリズムに疎い国となった。つまり、支配欲求を政治的に表現する力が弱い国となったのだ。

和の事例

和の事例は、枚挙に暇がない。井沢元彦（『井沢式「日本史入門」講座〈1〉和とケガレの巻』徳間文庫）などを、参考にしよう。

誰もが知っているのは、聖徳太子の『憲法十七条』の第一条、かの有名な「和を以って貴しと為す」であろう。皆で仲良く協調しなさい、そして、協調が乱れたら話し合いなさい。そうすれば何もかもうまく行く、と教えている。個々人が協調し合い、調和を求める日本の世間の核心が、ここにある。個々人が自己を主張し、その総意（つまりは、多数決）で形成される欧米社会とは、まことに好対照をなす。

現代でも、例えば稟議書《りんぎ》。案件を関係者に回覧し、皆がハンコを押した段階で成立する。つまりは、紙の上で話し合いをしている。日本の組織では、あるセクションの長が自分に任された権限に基づいてあることを決断すると、往々にして「あいつはワンマンだ、ちゃんと皆のコンセンサスを取ったのか」と、批判を浴びてしまう。その他にも、平成末の現時点から見ればいささか古くさいが、談合や護送船団方式などが、和の事例に当たる。あるいは、崩れかけているとはいえ、年功序列もそうした精神の反映である。

容易に想像されるところだが、すでに神話時代から、物事は話し合いで決めるのが最善だと考えられていた。そのため、聖徳太子の時代に至って、憲法十七条の冒頭第一条で明文化されたのである。実際、国譲り神話が、そのことを物語っている。天照大神《あまてらすおおみかみ》（日本とは異なる高天原にいた王）は、大国主命《おおくにぬしのみこと》（日本に最初からいた先住民族の王）に対し、「日本の国が気に入ったから、自分の孫である瓊瓊杵尊《ににぎのみこと》（皇室の祖先）に譲ってやってくれないか」と言われた。大国主命は、最終的にこれを受け入れ、出雲大社に「とこしえにお隠れになった」。

こうして、侵入者である天照大神の側は、先住民族である大国主命の側と大きな戦争をすることなく、ましてや虐殺に及ぶことなく、いわば話し合いで国を譲ってもらった。実際には、戦闘が繰り広げられたはずだとしても、そのように語られている。この、話し合いで正当に譲り受けたということが、天皇が日本を「治《しら》す」（日本最古の聖家族の長として、国の安寧を祈り、一つにまとめる役を果たす）根拠となっている。同じく『古事記』の中に出て来る、「領《うしは》く」（権力を私有する）とは異なる点が重要だ。

対照的なのが、モーセに率いられてエジプトを脱出したユダヤ人。神から与えられた約束の地（いまのイスラエル）へ入ると、神の命令に従って先住民族を皆殺しにしたとされる。その点、我が国の国譲りでは、少なくとも皆殺しに至らなかったということであろう。

第二節　和という生き様

和に彩られた知－情－意

人の生き様は、心の在り方に焦点を当てて、知－情－意という三つの側面から分析すると理解がしやすい。むろん、日本人の場合は、和に彩られた知－情－意だ。ちなみに、次節で検討する「和の影①＝空気の支配」や「和の影②＝世間益による国益の食い破り」は、ここでの分析が役に立つ。したがって本節は、そのための準備でもある。

さて、和に彩られると、日本人の心はどう働くのか。「知は状況に依存する」、「情は落とし所を求める」、および、「意は他者を志向する」、ようになると思われる。日本人は和を信条とする国民であるから、他者を志向する意がことのほか強い。他者のことがとても気になるのだ。そのため、状況を察知した知、和製英語でいえばＴＰＯ（時〈time〉、場所〈place〉、場合〈occasion〉）を踏まえた知を働かせながら、他者との間で一生懸命に情の落とし所を求めるのである。

他者を志向する意

どの世界でも、意は他者を志向する面がある。だが、程度問題だ。日本人においてこれがいかに強いか、若者の場合を例に採って説明しよう。

彼らが受験勉強に精を出し、合格を目指すのは、むろん自身の将来のためだ。だが同時に、いかにも日本人らしく、合格することで父母や学校・塾の関係者を喜ばせたい、といった動機も結構あるのだという（東洋『日本人のしつけと教育　発達の日米比較にもとづいて』東京大学出版会）。自分のためだけに勉強している、のではないのだ。

同じく、彼ら若者が人前でのスピーチに弱いのは、未だ世間慣れしていないためだ。だが同時に、いかにも日本人らしく、相手や聴衆がどう思うかをことのほか気にするからである。スピーチ不安を核の一つとする、社交不安障害。欧米でも広く認知されているが、日本の若者の場合は、対人恐怖症という明治から続く年季の入った病名が暗示するように、いささか特殊だ。相手が目を伏せたのは、自分の視線がキツイからだ（視線恐怖）。相手が自分のそばを離れたのは、自分の体から嫌な臭いが出ているからだ（自己臭恐怖）、などと関係妄想的な様相を帯びるのである。

ここで、関係妄想とは、本人にとってまったく関係のない周囲の人々の動作や見聞きした出来事を、自分に対して特定の意味や関係があると思い込むことである。統合失調症（知ー情－意のまとまりを欠く病態で、発症の初期には幻覚や妄想を伴うことが多い）で起こるような場合を別にすれば、日本人の他者を志向する意は、かくのごとく強いのだ。

状況に依存する知

どの世界でも、知は状況に依存する面がある。ＴＰＯを踏まえて働くものだ。だが、これも程度問題であろう。

洋の東西で、論理の進め方がいかに違うか。小室直樹（『数学嫌いな人のための数学』東洋経済新報社）の興味深い例示などを、参考にしよう。西洋で用いられる論理の根本は、アリストテレスの形式論理学に基づいており、理屈好きな中国人にさえ思いつかれることがなかった。例えば、神との契約を記したユダヤ教の規定は形式論理学と整合し、精密に組み立てられている。神殿の作り方は、各箇所の寸法に至るまで数字を挙げて正確に命令されている（同一律）。人が神と結んだ契約は、「破られた」か「破られなかった」かのいずれかである（矛盾律）。そして、「破られた」と「破られなかった」の中間もあり得ない（排中律）。

これに対し、春秋戦国時代の中国で栄えたのは、領内の治め方や戦争の仕方とかかわり、これらをどう説得的に説明し得るかの術であった。とくに、政治権力者を説得して心服させ、その下で高い職を得て立身出世することが、論理を磨く目的であった。ただし、その論理が通用するか否かは、権力者の胸先三寸にある。論理で相手を追いつめることなど、あり得ない話だ。ギリシャ（やインド）が、政治権力に妨げられない、純粋な哲学的論理を追求したのとは対照的である。こうして、中国人は、知が状況を踏まえる面を強く有している。

一方、日本人の場合は、古来より和を尊んで来た。「賢しらに言挙げせず」（「第四節／第二項」を参照）、美的感受性を重んじるから、突き詰めた論理は馴染まない。日常を見ても、世間ではこういうふうに言った方が通じると分かって来て、自分が本当に考えていることを言わず、世間向けの発言や態度を採るようになったとき、日本では大人とされる。かくのごとく、日本人の場合、中国人とはまた別の意味で、知が状況を踏まえる面はまことに強い。

世間と社会

状況に依存する知は、日本における世間と西洋における社会を対比させると、いっそう理解が深まる。そこで、世間。何とも分かりにくい概念だが、筆者はあえて「世間＝和でつながっていたい範囲」と定義したい。

この意味で、家族は中核を成す世間である。一般的に言えば、夫婦には男女関係があり、親子には血縁関係があり、構成員には経済的共生関係があるため、そしてむろん、家族史を共有するため、家族は固く結び付く。それだけに、和でつながっていたいとは願っても、あっさりと行かず、ときに泥沼化する。

これに対し、家族以外は周縁を成す世間である。しばしば、「世間の風は冷たい」と言うが、これは願望に反して、和でつながり合えない現実を指す表現だ。もっとも、世間を共有しない相手に対しては、和でつながる必要がない。そのため、世間の外に対しては冷淡にもなれるし、差別的にさえなれる。

この世間、日頃は職場や趣味仲間あたりまでに限られる。だが、世間様に申し訳がないとの感を抱いた場合は最大、日本全体にまで広がる。それどころか、中国の機嫌を損ねたくないと心を砕けば、日本をそっちのけにして国際的にさえなる。事程左様に、世間はTPOによっていか様にも伸縮自在である。

一方、西洋における社会とは、自立した個人を単位とし、その総和（多数決）として成立する。したがって、個々人がNOと言えば、大胆に変革することも原理的には可能である。興味深いことに、西洋でもかつて世間は存在したが、個人が自立し社会が誕生する過程で、消滅してしまった。阿部謹也（『「世間」とは何か』講談社現代新書、『日本人はいかに生きるべきか』朝日新聞社、『ヨーロッパを見る視覚』岩波現代文庫）などを、参考にしよう。

キリスト教は、五世紀〜六世紀頃からヨーロッパへ入り始めた。それが広く行き渡り、すべての成人男女に告解が義務化されたのは、十三世紀の初頭である。こうして、人々は否応なく、自己の内面と向き合わざるを得なくなった。この告解が重要な切っ掛けとなり、その後の数世紀をかけて世間は消滅し、個人は自立して行くこととなった。

いま一つの重要な切っ掛けを与えたのが、贈与互酬関係の転換である。ここで、贈与互酬関係とは、物をもらったら返すということで、かつては世界中で広く行われていた。しかし、近代的な先進国で今も贈与互酬関係を残しているのは、どうやら日本ぐらいであるらしい。手土産から始まってお中元・お歳暮、内祝・お香典、バレンタインの義理チョコ、さらには、随時のものに至るまで、お互い様の持ちつ持たれつ関係が色濃く存在している。

贈与互酬関係を結ぶ人間同士は大概の場合、自身の置かれている立場を踏まえているのであって、人格としてやり取りをしているのではない。例えば、○○さんが上司の□□部長にお歳暮を贈るのは、□□氏個人に贈っているというよりも、部長という立場の人に贈っているのである。日本人の知が状況を踏まえるとは、まさにこの事である。

さて、キリスト教は、現世的な贈与互酬関係のわずかな部分は認めながらも、残りの大部分は教会や修道院への寄進という形をとらせた。現世で禁欲に努め、教会や修道院へ寄進を行うことで、死後の救いが得られるとしたのである。

ちなみに、当時のヨーロッパ人は、死後の世界を信じていた。そのため、誰かが死ぬと死後の暮らしを安楽にすべく、金銀財宝はもとより家畜やときには奴隷まで、生前に所有していた多くのものを地中に埋めてしまった。それは、地域経済にとって大損害であった。それだけでなく、キリスト教の考え方からすれば、生前の富で暮らす死後の世界など、そもそもの教義に反するものであった。

こうして、西洋では「世間が成熟しなかった」（養老孟司『無思想の発見』ちくま新書）ともいえる。そのためか、我々日本人からすれば、人々の結びつきはドライで、味気ない感じがしないでもない。

落とし所を求める情

どの世界でも、情は落とし所を求める面がある。だが、これもまた程度問題であることは、言わずもがなのことだ。

ところが日本人たるもの、情の落とし所を求めてやまない生き方こそ、その真骨頂なのだ。美しいか醜いかを価値判断の基準とするのも、こうした生き方とつながっている。すでに述べたところだが、日本人は、知だけでは本気で動こうとしない民族である。それが単なる美化であろうと、情に訴える大義が必要なのだ。我々が誇ってよい日本文化の精華は、情の落とし所を求める性向がプラスに出て、生き方の肌理《きめ》が細かくなった結果だ。

だが、マイナスに出ればどうなるのか。直感的に情の落とし所を求めて、情の落とし穴へはまってしまう。例えば、知が空回りする場合。理屈で会議の場を押し切っても、後あと事が運ばない。組織の改革を目指しても、大山鳴動して鼠一匹。いずれも、根回しの不足など、情の手当てに失敗した可能性がある。知で収めてよいはずが、情で引っ掛かってしまうのだ。そうかと思えば、情が過熱する場合。オリンピックやワールドカップ・サッカーのたびに、過去のデータや現状を無視して盛り上がり、結果が出てシュンとなる、あのお祭り騒ぎを思い出してみればよい。

大東亜戦争でも、この種の不適切な決断が目に余り、あたら多くの若者を無駄死にさせてしまった。沖縄決戦に向けて為された戦艦大和の特攻出撃（昭和二十〈一九四五〉年四月五日）も、不首尾に終わると分かっていながら、情の落とし所に従うしかなかったということであるらしい。こうした国家の浮沈にかかわる場合でさえ、いやむしろ、追い詰められればなおのこと、直情径行に情の落とし穴へはまってしまう。果ては、滅びへと突き進みかねない。それさえ、美学の範疇なのだ。

第三節　和の影

和の光

本書では、和の影をめぐって、さまざまに議論が展開する。だが、その前に、和の光とかかわる話も、少しはあって然るべきだろう。和の光に言及しないままでは、片手落ちというものだ。

そこで、「タタミゼ効果」という興味深い話題を紹介して、和の光を印象づけておきたい。「タタミゼ」（tatamiser）とは、日本語の「畳」を語源とする比較的新しいフランス語の動詞で、「日本かぶれする」、「日本贔屓になる」、「日本人っぽくなる」といった意味を有する。

以前から、海外の日本語研究者や日本語学習者、ないし、日本語教師の間では、日本語を学ぶと「柔和になった」、「一方的な自己主張を控えるようになった」、「相手を立て、人の話をよく聞くようになった」、「自分の非を認め、謝ることができるようになった」などと、性格の変容を経験することが報告されていた。日本語の持つこうした「人を優しくする力」に着目して、鈴木孝夫（『日本の感性が世界を変える　言語生態学的文明論』新潮選書）は、タタミゼ効果と名づけた。日本に来た外国人が久し振りに自分の国に戻ると、周囲の人と調子が合わないので、気がつくという。しかも、重要なのは、タタミゼ化した本人がそれを心地よいと感じ、闘争的・対立的な感覚が和らいだと感じていることだ。

話は古くなるが、日本に帰化したラフカディオ・ハーン（小泉八雲）。彼は、明治中期に当時の日本人について、「並外れた善良さ、奇跡的とも思える程の辛抱強さ、いつも変わることのない礼儀正しさ、素朴な心、相手をすぐに思いやる察しのよさに目をみはるばかりだ」と書いている。また、一九二〇年代に駐日フランス大使であった、劇作家で詩人のポール・クローデル。彼は、昭和十八（一九四三）年にパリのある夜会で、「私がどうしても滅びて欲しくない一つの民族があります。それは日本人です」とスピーチしている。

和の影①＝空気の支配

狭義の和の影ということでいえば、本書で問題とするのは、図表2（五十五頁）に示すような四種類である。すなわち、「和の影①＝空気の支配」、「和の影②＝世間益による国益の食い破り」、「和の影③＝減点法のリスク回避」、および、「和の影④＝過剰適応による自己喪失」。

どうして、これら四種類の和の影が、特筆に値するのか。今日の日本人が抱える五種類の苦難を生み出すのに、影響力を発揮すると考えられるからだ。ここで、五種類の苦難とは、現に猛威を振るう三種類の苦難（過労死、いじめ、ひきこもり）、および、近未来に迫り来る二種類の深刻この上ない苦難（巨大地震による日本沈没、中国への隷属）を指す。ちなみに、和の影といえば、「性善説のお人好し」や「事なかれ主義のゴマカシ」など、他にいくつも挙げられる。だが、五種類の苦難にさほど影響力を発揮しないものは、リストから外した。必要があればその都度、リスト以外のものにも言及したい。

そこで、「和の影①＝空気の支配」。その説明はさまざまに試みられている。例えば、山本七平（『「空気」の研究』文春文庫）は、アニミズムの延長線上にあるものと捉え、空気は対象の臨在感的把握であるとする。また、鴻上尚史（『「空気」と「世間」』講談社現代新書）は、世間を構成するルール（贈与互酬関係、長幼の序、共通の時間意識など）の、いくつかが欠けたものであるとする。ルールの揃った農村には世間が存在し、欠け始めた新興住宅地では空気が生まれる、といった具合だ。

さらに、池田信夫（『「空気」の構造』白水社）は、周りの人々による暗黙の同調圧力を指すとする。もっとも、そうした圧力で物事が決まることはどんな社会にもあるが、法律や人命に優先するほど強烈なのは、日本に特有の現象だとも指摘する。その結果、意思決定は、目的のために最適の方法を考えるのではなく、その場の空気を読んで、人々の合意を得やすい方向へと進む。平和な時ならそれはそれで効率的だが、戦争のような大きな目的へ突き進むときには致命的な弱点を露呈する、というのだ。

さて、筆者は、前節での「和という生き様」に関する議論を踏まえ、次のように読み解きたい。すなわち、人が集まれば力の凝集点が、つまりは支配勢力ができる。その彼らが身に帯びる日本的な知−情−意こそ、空気の支配を生む基盤を成す。なかんずく、情の落とし所を求める性向こそ、空気の支配を生み出す本丸となる。

なぜなら、そうした情こそ、執拗で強いエネルギーを発するからだ。強い情は、例えば担ぐ神輿《みこし》やいじめの対象（後者の場合は、ネガティブな意味で「とても気になる他者」だ）に注がれる。その種の情を周りの皆が察知して、それへ向けた同調圧力が高まるという寸法だ。一端そうなったら、知は、ブレーキ役を果たせない。知は状況を踏まえる以上、取って付けようと筋違いであろうと、どうとでも働くからだ。こうして、空気の支配は、情の落とし穴へはまる典型的なケースといえる。

かつて若者の間で流行り、平成十九（二〇〇七）年の流行語大賞にノミネートされたKY。「空気が読めない」という意味の、略語らしい。ここでの文脈に照らせば、KYとは情の落とし所が察知できない、あるいは、漠然と察知できても上手に対応できない若者のことであろう。この手の若者は、仲間内に入れてもらえなかったり、いじめの標的にされたりしかねない。それが高じれば、ひきこもりともなりかねない（「第三章／第二節」および同「第三節」を参照）。

翻って、西洋においては、なぜ日本ほど空気の支配が度し難いレベルに達しないのか。日本的な意味での世間が存在せず、個人の自立していることが、空気の支配を弱めるのに役立っていると思われる。もっとも、彼らの社会とて、ＫＹな人は存在する。だが、そういう人に対しては、空気で圧迫するのではなく、して欲しいことを具体的に伝える。つまり、必要なら水を差して、その場に醸成されかねない空気圧を下げるらしいのだ。

ゾルゲ事件

いささか古い話にはなるが、空気の支配を考える上で格好な教材として、ゾルゲ事件が挙げられる。戦前の日本国内で、ソ連のスパイ組織が諜報活動を繰り広げていた。その頭目が、リヒャルト・ゾルゲである。彼は昭和十六（一九四一）年に、尾崎秀実《ほつみ》など何名かの協力者と共に逮捕され、処刑されたものの、日本を破滅に向かわせる重要な役割を果たした。ロシアでは、今でもゾルゲがスパイの鏡と尊敬されているほどだ。

そのゾルゲが逮捕後に曰く、「この国には決断がない。むしろ指導者が権力的に決断を下せば、国民にそっぽを向かれる。そのかわり空気さえ醸成していけば、どんな重大な決断でも導くことができる。だから空気をいかにつくるかが重要だ。そのためには、頭の中は空っぽでもいいから、協力的で、こちらが望む記事を書いてくれるジャーナリストが何人かいればよい。それだけでこの国を完全に牛耳ることができるときがある」（中西輝政『情報亡国の危機　インテリジェンス・リテラシーのすすめ』東洋経済）。

まるで、現代の日本そのままではないか。山本七平は曰く、「もしも、日本が再び破滅へと突入していくとしたら、それは戦艦大和の場合のごとく「空気」であり、破滅の後にもし名目的責任者がその理由を問われたら、同じように「あのときは、ああせざるを得なかった」と答えるであろう」。

和の影②＝世間益による国益の食い破り

再確認するが、「世間＝和でつながっていたい範囲」のことであり、TPOによって伸縮自在なものであった。我々日本人は、そうした世間（家族はむろん、職場や趣味の仲間など）のために日々、心を砕いているのであろう。いわば、世間益への埋没である。

世の中が平和なら、それでも至って健全なのだ。欧米人や中国人と違って、自我をむき出しにした明確かつ強烈な私益の追求者が稀なのも、大いに多としたい。だが、戦争に突入するなど、世の中が緊急事態に陥った場合はどうなるのか。私益はもとより世間益でさえなく、国益に殉ずるノブレス・オブリージュ（Nobless Obligue）な人が一定数いないと、はなはだ心もとない限りであろう（関連する議論は、「第五章／第三節」を参照）。ちなみに、ノブレス・オブリージュの原意は「特権的な地位には相応の義務が伴う」。開高健は、「位高ければ、努め重し」と意訳している。

だが、如何《いかん》せん。日本人の世間益は、江戸時代であれば当家の家風というわけで、せいぜい拡がっても藩まで。藩の外に世界なしの、いわば藩益が上限となっていた（竹内靖雄『日本人の行動文法「日本人らしさ」の解体新書』東洋経済新聞社）。先の大戦中であれば、陸軍と海軍の軍部益。それぞれの大本営であった参謀本部と軍令部における、相互の意思疎通の悪さは相当なのもで、陸海軍は徹底して縦に割れていた（片山杜秀『国の死に方』新潮新書）。そして、現代であれば、キャリア官僚の省益。そこから一歩も出ていない連中が、大半を占めるらしい（高橋洋一『官愚の国 日本を不幸にする「霞ヶ関」の正体』祥伝社黄金文庫）。

その極めつきは、誰あろう政治家。彼らの世間益は、常日頃の内政なら票に結びついた地元益であろう。ところが外交となると、切り結ぶべき相手国まで世間に含ませようとする。こうして世間益を履き違える結果、自らに嘘をつき、自国に恥をかかせる。つまりは、国益をかなぐり捨ててでも、切り結ぶべき相手国と和でつながろうとする。こうして、「世間益による国益の食い破り」の極限形が出現する。

おまけに、財界人やキャリア官僚もそうらしいが、政治家の中には中国などのマネートラップやハニートラップに掛かってしまった輩が少なくない、ともいわれる。これに、ステイタストラップ（地位を餌にした罠）まで加えれば、出来上がりというものだ。

いやはや、そうした情けない政治家に対し、我々庶民は選挙でダメ出しをしているのか。どっこい、我々とて目先の世間益にしか関心がないのだ。やれ、市町村議会レベルの議員には道路を作って欲しい、都道府県議会レベルには橋を架けて欲しい。ここまではよしとしても、国会レベルにはＪＲの停まる駅や空港を作って欲しい、だけとなる。国益など何のその、こうした世間益を追及するには、顔見知りの議員が頼みやすい。そうしたこともあってか、ほぼ万年与党の自民党は、ついつい世襲議員が多くなってしまう（平成十六〈二〇〇四〉年現在の衆議院は、自民党で四十一％、全体でも二十七％が世襲議員）。

靖国神社公式参拝

日本の政治家にしては、明確な国家理念と未来戦略を持った大物の一人、中曽根康弘元首相。その彼においてさえ、きわめて深刻な部類が起こっている。石平（『なぜ中国から離れると日本はうまくいくのか』ＰＨＰ新書）から、要約してみよう。

中曽根は「戦後政治の総決算」を掲げ、昭和六十（一九八五）年八月十五日の戦後四十周年を機に、戦後の首相として初めて靖国神社への公式参拝を断行した。しかし、この公式参拝は、中国国内の保守派を中心に反発を招いた。これを受けて翌年以降、中曽根は二度と公式参拝を行わず、弱腰外交の影響は長く尾を引くこととなった。というのも、中国は、歴史問題が有効なカードとなり得ることを理解した。その結果、何かあるたびに歴史カードを持ち出して、横暴外交を展開するようになったからである。

引退後に出版した自伝風著書（『天地有情　五十年の戦後政治を語る』文藝春秋）の中で、中曽根は次のように述べている。すなわち、当時の胡耀邦中国共産党総書記は、対日友好路線推進の中心人物であり、家族ぐるみの付き合いをしていた。だが、自身の靖国公式参拝によって、胡耀邦は親日が仇となり、弾劾される危険性が高まった。そのため、翌年以降の公式参拝を取り止めた、というのである。首脳同士の公的な関係を超えた、親密な個人的関係があったからこそ、ブレーキが掛かったわけだ。世間益を国益の上に置いたため、後世に甚大なる悪影響を及ぼした。そう評価されても、致し方ないであろう。

和の影③＝減点法のリスク回避

リスクとは、生命の安全や健康、資産や環境に、危険や傷害など望ましくない事象を発生させる確率と定義される。この確率が高まることを回避するのであるから、勢い安定や失敗しないことが目指される。

山岸俊男とメアリー・ブリントン（『リスクに背を向ける日本人』講談社現代新書）によれば、リスク回避は、プロモーション志向と対極的なプリベンション（prevention〈予防〉）志向だといえる。前者は加点法的な考え方であり、何かを得ることに向かって行動する。だが、後者は減点法的な考え方であり、何かを失うことを避けるように行動する。こうして、減点法のリスク回避は、加点法のリスク挑戦と真逆な生き方、ということになる。

さて、混乱期（遠くは戦国時代や、近くは戦後すぐの一時期など）を別にすれば、安定期（遠くは江戸時代や、近くは戦後の東西冷戦期）の日本人は、いかにも日本人らしさが顔を出す。すなわち、「安定&まったり」（本郷和人『日本史のツボ』文春新書）でもあるのだが、未知であることに対する不安が高く、できる限り予測可能な状態を整えるために、不確実なことやリスクを極力排除する。また、どんな場合でも、他人から非難される可能性があることを避けようとする。つまり、根深いところで、減点法のリスク回避に陥りやすい人々なのである。

実際、日本人のこうした傾向は、例えば国際連携プロジェクトである世界価値観調査（平成十七〈二〇〇五〉年～平成二十〈二〇〇八〉年実施）に現れている。それによれば、自分を「冒険やリスクを求める人」のカテゴリーに当てはまらないと思っている割合は、日本人が七十％強と世界で一番高い。同じ傾向は、起業活動率の低さにも現れている。先進国の場合、十八歳～六十四歳の人口に占める起業活動を行っている者の割合は、アメリカが十二・三％、オーストラリアが十・五％、オランダが八・二％であるのに対し、日本は五・二％と低い。日本人は安定志向であるため、失敗に対して寛容でなく（まさしく、減点法を採る）、リスクを取ってまで起業することに対して評価が低いのだ。

こうした減点法のリスク回避は、セカンドチャンスがない社会を生み出しやすい。敗者復活戦とか再チャレンジとかの積極性に対して、さほどの価値を認めないのだ。そうした結果であろうか、日本では転職が容易でなく、不満を抱えながら会社に留まっている若者が多い。過労死（「第三章／第一節」を参照）につながりかねない、重要なポイントである。セカンドチャンスがないといえば、、日本は新卒主義の雇用文化であるため、運悪く就職氷河期（平成五〈一九九三〉年～平成十七〈二〇〇五〉年頃）などに遭遇したりすれば、正社員になれないまま捨て置かれるといった事態が発生することになる。その意味で、日本には、日本独特の不公平さと理不尽さが存在する。

和の影④＝過剰適応による自己喪失

フランス革命が掲げた「自由・平等・博愛」。これに照らせば、欧米人の価値序列は、「自由、平等、愛」（愛という名の博愛）の順になると思われる。日本人の場合は、その真逆となりそうだ。というのも、日本人にとって、何よりも大切なのは和の乱れないこと。そのために、平等もある程度まで担保される。自由はといえば、和と平等が満たされる範囲内で、許容されるに過ぎない。こうして、「和、平等、自由」（和という名の博愛）に落ち着くのだ。

かくのごとく、和は、自由よりはるか高位に来る。すると日本人たるもの、精神の自由が有ろうと無かろうと、和さえ保たれればよい。場合によっては、奴隷の平和でもよい、となりかねない。その収斂する先が、過剰適応による自己喪失というわけだ。

その格好の例が、シベリア抑留。敗戦時のごたごたに紛れて、ソ連が満洲・朝鮮・樺太・千島列島から日本人約七十六万人をシベリアへ抑留し、極寒の地で強制労働をさせた。抑留は最長で十一年余りにも及び、その間に約六万人～七万人が命を落としたと言われる。ソ連も承認したポツダム宣言にさえ違反する、疑う余地のない強制連行であった。

鈴木敏明（『逆境に生きた日本人』展転社）によれば、重労働や乏しい食事といった肉体的拷問に加え、いわゆる民主運動と呼ばれる精神的拷問が、日本人抑留者の心を激しく痛めつけた。要は、抑留者を親ソに洗脳し、帰国後に日本共産化の闘士とせんがための工作であった。具体的には、ソ連当局の支持を受けた抑留者が、仲間の抑留者から反動分子を探し出し、徹底的に吊るし上げるというもの。前職者（軍隊で一定以上の地位、または、特殊な立場にあった者）や大学出などは、特に攻撃されやすく、こうした者を見つけるためのスパイ網も作られた。

こうした徹底ぶりは、作業のノルマにも向けられた。日本人抑留者は、これを達成すべく、何とも勤勉に働いたらしい。捕虜らしく、ノロノロと働いていたドイツ人からすれば、日本人の勤勉さは驚きで、嘲笑の対象になったという。極めつけは、スターリンへの感謝状。ソ連当局が、帰国と引き換えに、紙切れ一枚程度の感謝状を要求したらしい。ところが、実に大げさな感謝状が作られたというのだ。巻物や画集などに仕立てられ、収容所生活がいかに素晴らしかったか説明した上で、スターリン大元帥への感謝を述べ、ソ連に対する忠誠まで誓うという有様であった。

ちなみに、ドイツ人抑留者は、全員がシベリア送りではなかったものの、日本人よりもはるかに多い約三百十五万人。うち死亡者は約百十万人で、苛斂誅求《かれんちゅうきゅう》を極める抑留となった。第二次世界大戦で、両国は直接ぶつかりあったから、ソ連の対独憎悪はかなりのものであったのだ。それでも、ドイツ人抑留者の間で、民主運動のような狂態は演じられず、ましてや、スターリンへの感謝状など作られもしなかったという。

シベリア抑留は、悲惨であった。実に、気の毒なことであった。それにしても、鈴木の抱いた感想はといえば、「日本人は猿に支配されたら、団結して抵抗するより、国民こぞって木登りの練習を始める民族である」。ホセ・オルテガ（スペインの哲学者）も曰く、「外部への適応を専らにするのは、その文明にとって命取りとなる」。

第四節　穢れの影および言霊の影

穢れの影＝軍隊を嫌う平安貴族もどき

本章で扱うのは、和とともに神道の精神的な背骨を成す、穢《けが》れおよび言霊《ことだま》。そこから導かれる、穢れの影および言霊の影。したがって、広義の和の影を担う一翼ということになるが、図表2に示すごとく、五種類の苦難に対して影響力を発揮する、一つずつに限って取り上げる。ちなみに、穢れの影や言霊の影には、リスト以外のものも存在する。必要があればその都度、言及したい。

そもそも、穢れとは何か。『広辞苑』によれば、穢れとは、「汚いこと、汚れ、不潔、不浄／神前に出たり勤めにつくのをはばかる出来事、服喪・産穢・月経など／名誉を傷つけられること、汚点」で、単なる汚れより概念的に広い。この穢れは、禊《みそ》ぎないし祓《はら》いによってしか落ちないとされる。ただし、禊ぎとは、「身に罪または穢れのある時や重大な神事などに従う前に、川や海で身を洗い清めること」を指す。井沢元彦（『穢れと茶碗　日本人は、なぜ軍隊が嫌いか』祥伝社ＮＯＮ　ＢＯＯＫ愛蔵版）などを、参考にしよう。

さて、神道の中核には、死を最大の穢れと見る考え方がある。死体が腐る、というところから出た発想と思われる。そのため、首切り役人、死体を取り片づける人、死体を埋葬する人、火葬する人、動物を殺して毛皮をはぐ人など、死を扱う職業の人々までが穢れた人、いわゆる非人とされ、差別の対象とされるようになった。

平安時代以降の天皇や貴族が、鎧《よろい》という皮革製のものを着けることはまず以ってなかった。これほど穢れたものはないからだ。また、刑罰を担当する部門である刑部《ぎょうぶ》は存在したが、平安時代以降の約三百年間というもの、死刑の執行は一例もなかった。

なお、穢れといえば罪人。我が国では、前科がある人の更生がきわめて難しいとされる。罪は穢れであり、それが禊で完全に除去され得ない以上、穢れた存在であり続けるしかないと見なされるからだ。対照的に、絶対神による最後の審判が待っている欧米社会では、この世の犯罪で刑務所に入って来たとしても、アイスホッケーで反則を犯してペナルティボックスに入って来たようなものだと捉えられ、相対化され得る。

何とも奇妙なことだが、我が国では軍隊と警察も、死や血といったもっとも根源的な穢れに触れるため、やはり差別の対象とされて来た。桓武《かんむ》天皇は、平安遷都に先立つ七九二年、国家の正規軍を廃止し、代わりに健児《こんでい》制という一種の自治警察制度のようなものを作った。これ以降、朝廷は律令に規定された正規の軍隊を持つことがなかった。

そのため、平安後期には、野盗・強盗・馬賊などの台頭で治安が乱れ、無政府状態に陥った。こうした状態に対処すべく、治安維持システムの復活を狙って設置されたのが検非違使《けびいし》であ

図表2 日本人が直面する五種類の苦難と，それらを生み出すのに影響力を発揮する和の影および退嬰化（◎&○＝影響力の大&小）

日本人の苦難を生み出すのに影響力を発揮する和の影および退嬰化 ／ 日本人が直面する5種類の苦難		明治以降に表面化した和の影：和の影（狭義）①空気の支配	明治以降に表面化した和の影：和の影（狭義）②世間益による国益の食い破り	明治以降に表面化した和の影：和の影（狭義）③減点法のリスク回避	明治以降に表面化した和の影：和の影（狭義）④過剰適応による自己喪失	明治以降に表面化した和の影：穢れの影 軍隊を嫌う平安貴族もどき	明治以降に表面化した和の影：言霊の影 リアリズム欠如の思考停止	戦後に出現した退嬰化 国家の正当性と士気の喪失
現に猛威を振るう苦難	過労死	◎		◎	○			
	いじめ	◎					○	
	ひきこもり			○				○
近未来に迫り来る深刻この上ない苦難	巨大地震による日本沈没		◎		○		○	○
	中国への隷属		○		○	◎	◎	◎

る。ただし、律令には規定されない「令外官《りょうげのかん》」であり、京都の治安維持と民政を所管した。今日の自衛隊が憲法に規定されていないのと、軌を一にする。

なお、こうした治安の乱れに対抗すべく、武器を持って自らの土地を守ろうと自警団のような形で立ち上がったのが、地方における武士の起こりである。渡部昇一（『武士道とは何か』別冊宝島）によれば、その主流は平将門のような地方在住の領主が武装したケース、であったらしい。ただし、単に武装しているだけでは、山賊の類に過ぎない。朝廷の有力者と結んで、自分の私的な武力を提供する点が、山賊などと大きく異なるところであった。その最大のチャンスは、保元と平治という二度の乱（一一五六年と一一五九年）で訪れ、武士の台頭を招くこととなった。結果的に、貴族の支配する体制は崩壊し、源頼朝率いる鎌倉幕府が誕生して（一一九二年）、武士の支配が江戸時代の終わりまで、六百八十年ほど続くこととなったのである。

時代は下って江戸時代、今で言う警察に当たるのは、与力や同心であった。彼らは町奉行の配下であるが、幕府直属の家来ではなく、一代限りのそれでいて世襲の特別職、と位置づけられていた。犯罪という穢れにタッチするため、「不浄役人」と呼ばれて別扱いされた。その極みは首切り役人の山田浅右衛門で、幕府が判決を下した死罪人・死刑囚のうち、町奉行の管轄下にある人間の斬首を行った。この男の身分は浪人とされ、たまたま選ばれて幕府の首切り役を代行しているという形になっている。しかも、一代限りでありながら、世襲の特別職なのだ。

確認しておこう。今日の自衛隊は、憲法に規定されていない令外官である。しかも、九条第二項の規定を素直に読めば、軍隊でさえない。いかに戦前の帝国陸海軍が、満洲事変（昭和六〈一九三一〉年～昭和七〈一九三二〉年）以降、暴走気味であったからといって、今日の自衛隊を国軍化できないようでは国の将来が危うかろう。

加えて、戦前の特高警察は、共産主義者の摘発という止むを得ない事情があったにせよ、治安維持法（大正十四〈一九二五〉年～昭和二十〈一九四五〉年）を笠に着てやり過ぎた。これがよほど苦い経験となったのか、戦後は全国の警察を束ねる主務大臣（戦前の、内務大臣に当たる）も存在しない。

こうして、軍隊も警察も（とくに、前者は）、戦後の日本では真っ当に扱われていない。先祖返りでもしたみたいに、「穢れの影＝軍隊を嫌う平安貴族もどき」が濃くなってしまった。その帰結として、自衛隊がいかなる惨状を呈しているかは、別立てでやや詳しく論じる（「第四章／第四節／第三項」を参照）。

言霊の影＝リアリズム欠如の思考停止

言霊とは何か。やはり『広辞苑』によれば、言霊とは「言葉に宿っている不思議な霊威。古代、その力が働いて言葉通りの事象がもたらされると信じられた」、とある。単刀直入に言えば、言霊とは「言ったことが実現する」ということ。裏を返せば、「実現して欲しくないことは、言うべきではない」ということにもなる。

日本は言霊の力によって幸せがもたらされる国、すなわち、「言霊の幸《さき》はう国」とされて来た。むろん、言霊は現代に続く話であり、古代だけのものではない。例えば、結婚式などでの忌み言葉も、言霊の思想に基づくものである。これがキリスト教だと、誓いの言葉はどうなるか。「……良いときも悪いときも、富めるときも貧しいときも、病めるときも健やかなるときも、愛し慈しみ、そして、死がふたりを分かつまで……」。結婚は契約である以上、忌み言葉も厭わないのだ。

さて、言霊の幸はう我が国で、リアリズムが保てるであろうか。ただし、リアリズムとは、「自己の信条や思想にかかわらず、現実に存在するものは存在する」と見なす、クールな態度のことである（井沢元彦『なぜ日本人は、最悪の事態を想定できないのか　新・言霊論』祥伝社新書）。実現して欲しくないことは言うべきでないとしたら、リアリズム欠如の希望的観測が跋扈《ばっこ》することになるのは、理の当然であろう。素晴らしい結果が得られるかのように膨らませて言ったり、別の言葉に言い換えてごまかしたりは、日常茶飯事となる。それが高じれば、いわゆる「大本営発表」というやつで、失敗を隠すことも厭わないはずだ。今日でも、日本の企業はとかく不祥事を隠蔽したがる。

なお、日本人とは様相が異なるものの、中国人もやはりリアリズムが欠如している。性悪説に立って血縁者しか信じず（「第六章／第二節／第二項」を参照）、不老不死と発財（ずばり、金儲け）に血道をあげる中国人は、リアリズムの権化のように見える。だが、ここでの定義からすれば、やはりリアリズムに欠ける人々である。いわゆる歴史問題などで事実関係を争っても、徒労に終わる理由の一つは、彼らの政治的意図がリアリズムをはるかに凌駕するためである。

話を戻すと、言霊信仰はいま一方で、むやみな「言挙《ことあ》げ」を慎む方向へも働く。言葉に宿っている不思議な霊威、を信じるためだ。そこで、言いたいことは遠まわしにほのめかしたり、におわせたり、暗示したり、場合によっては仕草で表したりするようになりがち。「以心伝心」や「沈黙は金」が尊ばれ、「男は三年に三口」式の、多くを語らない文化が育まれた。悪くすると、思考停止につながりかねないことであろう。

だが、それだと哲学の生まれる余地がない。精神の自由を以って言挙げし続ける究極の思考実験、それが哲学だとすれば、日本人にとってはまことに苦手な分野ということになる。明治の社会思想家である中江兆民（『一年有半』岩波文庫）は曰く、「我日本古より今に至る迄哲学無し」。また曰く「総ての病根此に在り」。

こうして、言霊信仰から、リアリズム欠如と、思考停止が導かれる。総じて、いささか厳しい表現にはなるが、「言霊の影＝リアリズム欠如の思考停止」が常態化している、と言わざるを得ないであろう。江戸時代までの半鎖国状態なら、それでもよかったのかも知れない。だが、明治に開国してからは、それだと国際社会に伍して行けなかった。

ここでは、一つだけ例を挙げておこう。昭和四（一九二九）年に世界中へばらまかれた、いわゆる「田中上奏文」。その二年前に田中義一首相が昭和天皇に上奏したという形を採っていて、「日本が満洲や蒙古を押さえて支那を奪い、さらに世界征服を目指す」との方針が書かれていた。当時の日本は、この田中上奏文を偽文書と見なし、反論など一切の「言挙げ」をしなかった。だが、嘘の宣伝に対抗策を講じなかったのは、大失敗であった。

中国はこれを徹底的に排日資料として使ったし、昭和六（一九三一）年に満洲事変が起きて、翌年に満洲国が建国されると、この文書の予見性が世界中で信じられるようにさえなった。そして、アメリカでは、フランクリン・ルーズベルト大統領が田中上奏文を信じて、日本潰すべしの覚悟を固めたというのだ。最近の研究で、この田中上奏文は、ソ連が謀略工作の一環として世界中に広めたものだと判明している。当時、ソ連の独裁者であったスターリンは、満蒙国境に関心が高かったから、そこに世界の注目を集めておきたかったのだ。

卑近な例を付け足しておこう。会議の場を見たらよい。「和の影①＝空気の支配」でもあろうが、大概は根回しが済んでおり、後は形ばかりの議論をして、案件を承認するだけだ。そこで文字通りの議論（言挙げ）を始めようものなら、周りが鼻白んでしまいかねない。それに、議論を吹っ掛けられた方は、ましてや打ち負かされたりするようだと、全人格を否定されたように感じてしまう。こうして、議論の場であるはずが、論戦は御法度なのだ。

第二章

戦後に出現し和の影の触媒作用で極まった退嬰化

第一節　アメリカによる日本弱体化工作

占領期の工作

ここまでの議論から分かるごとく、今日の日本人が直面する苦難は、一面において、明治以降に表面化した和の影（穢れの影および言霊の影まで含めた）が、影響力を発揮した結果である。だが、この「第二章」でこれから議論するように、もう一面においては、戦後に出現した「退嬰化＝国家の正当性と士気の喪失」（後の「第四節／第二項」で詳述）が、影響力を発揮した結果でもある。アメリカによる日本弱体化工作、および、これに呼応した国内外諸勢力の動きが功を奏したのだ。しかも、この退嬰化は、和の影という触媒作用があったために、極まることとなった。こうして、戦後の日本は、「和の影＆退嬰化」が覆う世界となった。

さて、日本の国家としての正当性および士気を失わせるために、連合国軍最高司令官総司令部（General Headquarters〈ＧＨＱ〉）の中核を担うアメリカの仕掛けたのが、日本弱体化工作。占領期は直接的に露骨なやり方で、また、日本が主権を回復した後は、ＧＨＱは去ったものの間接的に巧妙なやり方で、工作を仕掛け続けて来た。

まずは、占領期の直接的で露骨なやり方。降伏文書の調印が為された昭和二十（一九四五）

年九月二日から、主権の回復を見た昭和二十七（一九五二）年四月二十八日までの、六年八カ月間がそれに当たる。ＧＨＱは、日本が再びアメリカの脅威とならないことを最大の目的として、さまざまな日本弱体化工作を推し進めた。東京裁判、新憲法の制定、公職追放、そして、戦争犯罪宣伝計画、などである。文字通りの武装解除に引き続く、いわば精神的武装解除であった。

それぞれのポイントを、ごく簡潔に要約する。東京裁判（昭和二十一〈一九四六〉年五月三日〜昭和二十三〈一九四八〉年十一月十二日）は、満洲事変以降に日本が関係した各種の事件・事変・戦争、いわゆる「十五年戦争」。これらが、すべて日本の指導者たちの共同謀議に基づく、東アジアおよび南方諸地域に対する侵略戦争であった。このように断罪することを目的とした、初めに結論ありきのリンチ裁判であった。

新憲法は、戦争放棄条項（第九条）を盛り込ませることで、アメリカの支配を永久ならしめるやり方であった。アメリカが宗主国としてフィリピンに対して取った、同様の措置が先例となっている。その当時のフィリピン初代軍政長官は、誰あろうマッカーサーの父親であった。もっとも、終戦当時のオーストラリアやソ連や中国の日本を解体せんとする強い意向は、第九条でも持って来ない限り、かわすのが難しかったようだ（細谷雄一「著者自らが解説する『自主独立とは何か』」国際政治チャンネル31　平成三十〈二〇一八〉年九月一日ＹｏｕＴｕｂｅ公開）。そして、これを受け入れた日本の側に、ほぼ反対がなかったのも事実ではある。

公職追放は、ＧＨＱが好ましからざると見なした政府や民間企業の要職者、二十万人以上を追放したものである。これによって、政界・官界・財界・言論界・教育界の重鎮が相次いで引退し、日本の中枢部は一気に若返った。しかし、各界の有力な保守層が一掃された結果、左翼が大幅に伸長することにもなった。

戦争犯罪宣伝計画は、ＧＨＱが新聞各紙に事前検閲を実施するとともに、日本軍の残虐行為と称するものを強調した「太平洋戦争史」を連載させ、また、ＮＨＫラジオを利用して「真相はこうだ」（後に「真相箱」）を放送させたものである。マスメディアが総動員され、日本悪玉論は国内にあまねく喧伝された。これが戦後マスメディアの出発点である以上、彼らの自己正当化として、戦後体制を擁護する方向へ走りたがるのも無理はない。

占領期終了以降の工作

次いで、日本が主権を回復した後の、間接的で巧妙なやり方。アメリカの考え方は、例えば秘密文書『Defense Planning Guidance』に表れている（日下公人と伊藤貫『自主防衛を急げ！』李白社）。冷戦構造が崩壊した直後の平成四（一九九二）年に、新世界秩序の構築へ向けて策定されたものである。そこに曰く、「アメリカは、①世界を一極支配する、②ロシアを速やかに武装解除する、③ライバル国の出現を許さない、④第二次世界大戦の敗者である日本とドイツに自主防衛能力を与えない」。これら四つの中で、①〜③はロシアの抵抗や中国の大国化などで失敗に終わったものの、④だけは、とくに日本において成功したのであった。

伊藤貫（『自滅するアメリカ帝国　日本よ、独立せよ』文春新書）によれば、アメリカの本音は、「敗戦国日本が真の独立国となることを阻止する。日本人から、自主防衛能力を剥奪しておき、日本の外交政策・国防政策・経済政策をアメリカの国益にとって都合の良い方向へ操作していく」。だが、綺麗事の建前は、「価値観を共有する日米両国の戦略的な互恵関係をより一層深化させて、国際公共財としての日米同盟を、地域の安定と世界平和のために活用していく」となる。こうして、アメリカの対日基本戦略は、今日に至るまで一貫して日本の属国化であったことに変わりない。アメリカによる工作は数多くあるが、ここでは「日米合同委員会」と「年次改革要望書」の二つだけを、ごく簡潔に取り上げよう。

日米合同委員会とは、日米安保条約に基づく日米地位協定の下で、戦後の日本を占領して以降に存在する在日米軍の特権、つまり、米軍が日本の国土を自由に使える権利について保障するための協議機関である（矢部宏治『知ってはいけない　隠された日本支配の構造』講談社現代新書）。ちなみに、昭和三十五（一九六〇）年に今日の形へ改訂された日米安保条約は、日本国憲法第九条との抱き合わせで、半ば必然的に結ばされた条約といえる。むろん、日本を属国としてアメリカの世界支配システムに組み入れ、米占領軍が日本列島に設置した軍事基地を半永久的に使用せんと意図したものである。

さて、日米合同委員会で協議の対象となる、在日米軍の特権である。具体的には、米軍関係者が日本の法律によって裁かれにくくするための「裁判権」、米軍が日本の国土全体を自由に使用するための「基地権」、および、戦時には自衛隊を自由に指揮できる「指揮権」の三つが、いわば治外法権として認められている。

例えば、基地権の典型が「横田空域」。米軍が一都八県にまたがる広大な空域を支配しており、米軍の許可がない限りここを飛べない。首都圏を発着する日本の飛行機は、大変に窮屈かつ危険な思いをしている。横田空域には国境という概念が存在せず、米国の軍人であろうとCIA要員であろうと、この空域を使って日本を自由に出入りできる。実際、トランプ大統領が訪日した際、一日目（平成二十九〈二〇一七〉年十一月五日）の経路は、降り立った横田基地から移動した都内の各所に至るまで、ほぼすべてが横田空域に含まれていた。

次いで、年次改革要望書とは、アメリカの大幅な対日貿易赤字の是正を目的として、平成六（一九九四）年から毎年出されたものである。それまでの日米構造協議を引き継ぎ、後の日米経済調和対話へとつながった。

関岡英之（『拒否できない日本　アメリカの日本改造が進んでいる』文春新書）によれば、アメリカ政府から要求された各項目は、日本の各省庁の担当部門に割り振られ、それぞれ内部で検討される。やがて審議会にかけられ、最終的には法律や制度が改正されて、着実に実現されて行く。そして、両国の当局者が定期的に点検会合を開き、要求がきちんと実行されているか進捗状況までチェックされる。今日の社会問題は、ほとんどが年次改革要望書の精神に源流を発している。たとえば、労働者派遣法も郵政民営化も、米国の要望通りの結果になっている。さらに、商法、建築基準法、大店法、司法制度、保健業法、その他行政慣行など、国の根底を変えるような要求は大概、飲まされて来た。

その行き着く先はといえば、日米双方のためと称し、アメリカからの外圧によって、日本の思考・行動様式そのものを変形ないし破壊しようとする。日本がアメリカと同じルールを覚えるまで、それを続ける他ないと断定する始末だ。まことに以って、日本への露骨な内政干渉という他はない。

第二節　国内外諸勢力の呼応した動き

国内で呼応する敗戦利得者

アメリカによる日本弱体化工作は、とくに占領期のそれは、元々が「和の影＝平等を求める社会主義好き」（図表2に掲載なし／「第六章／第一節／第一項」を参照）な日本人の中で、呼応する勢力を育て上げた。確信犯的な左翼は元より、さまざまな国内勢力が自国の弱体化を歓迎するという倒錯ぶりを示すのだから、アメリカの工作は大いに功を奏したと言わざるを得ない。

彼ら敗戦利得者たちの跳梁跋扈は、枚挙に暇がない。ここで、敗戦利得者とは、渡部昇一の造語（渡部昇一『中国・韓国に二度と謝らないための近現代史』徳間書店）で、日本の敗戦によって逆に利益を得た者たち。典型的には、公職追放によって各界の重鎮が追放される中、ポカっと空いた日本中枢部の枢要な席へ滑り込んだ者たちのことである。その少なからざる者は、左翼的色彩が強かった。

マスメディア（新聞・雑誌・TVのいずれであれ）や教育界（小学校から大学まで）や法曹界（日弁連など）は、言うに及ばない。映画や演劇の世界も、主流はその手合いである。しかも、平成に入って、戦後教育世代が実権を握ったあたりから、政界（自民党の中でさえ）や官界（外務省や文科省においてさえ）の空気が、かなり怪しい。財界とて、いささか首を傾げたくなる有様だ。

以下では、典型的な例として、日教組およびNHKを取り上げよう。朝日新聞については、後に（「従軍慰安婦」の項で）詳しく述べる。ちなみに、岩波書店も、かの『広辞苑』（とくに、日本の近現代史とかかわる項目記述）を始めとして問題含みなのだが、ここでは触れない（渡部昇一『国民の見識』致知出版社、などを参照されたい）。

その前に、村田春樹（『日本乗っ取りはまず地方から！　恐るべき自治基本条例！』青林堂）の次のような指摘は、事実として押さえておきたい。すなわち、大学の左翼教授やマスメディアの左翼的言動に煽られる中、いわゆる六十年安保や七十年安保で学生運動の中核を担った学生たちは、卒業間近になっても民間企業に就職の場を得るのが容易でなかった。とくに、大企業などでは警察ＯＢを雇い入れ、入社試験を受けに来た学生たちの過去を洗いざらい調査したという。

こうして、民間企業から不採用の烙印を押された左翼学生の、向かった先はどこであったか。同じ民間企業でも、マスメディアは、社員に秩序よりも行動力を求めたせいか、左翼学生か否かを問わず採用する傾向があった。また、司法・教育・市役所の職員などといった公務員、そして、郵便局や国鉄など。これらは、警察ＯＢを雇い入れて志願者の過去を調べ上げるなど、グレーな行為の許されない世界であり、左翼学生が向かうには格好の先であった。

日教組

ＧＨＱが日本を精神的に降伏させようとした時、もっとも効果的な対策は何であったか。日本が戦前に行っていた教育を止めさせ、アメリカの望む方向へ改革することであった。森口朗（『日教組』新潮新書）などを、参考にしよう。

ＧＨＱの出した指令に基づき、当時の文部省が出した「新教育方針」（昭和二十二〈一九四七〉年）。いわゆる戦後民主教育の盛り込まれたこの方針で、我が国の新教育はスタートした。こうした流れに沿う形で日本教職員組合、通称日教組が同年六月に誕生した。

戦後民主教育の流れに沿うとしながらも、日教組の問題は、彼らの隠された意図であった。「教師の倫理綱領」（昭和二十七〈一九五二〉年）の中で、「教師は科学的真理に立って行動する」、とのスローガンを掲げた。自らの行動指針として、科学的社会主義を標榜する共産主義こそ相応しい、と主張したわけだ。こうした原理に立つ日教組は、どのような教育を行って来たか。六つほど列挙してみよう。

①国旗掲揚・国歌斉唱に積極的でない（労働者が権力を握っていない国家の国旗や国歌は、憎悪の対象となる）

②日本の歴史文化を知らない生徒に、共産主義の歴史文化を教える（日本神話を教えるのは拒否するが、ロシア民謡ならよい）
③職業差別を行う（敵と見なす自衛隊や警察の関係者を、その子らである生徒まで含めて差別する）
④教室内「布教」に迷いがない（共産主義は宗教ではなく科学であるから、何の迷いもなく広めようとする）
⑤生徒や保護者を巻き込み、全体主義で覆う（労働者の団結による国家支配を目論むため、団結を訓練する場として教室を活用する）
⑥平和教育・人権教育・環境教育において、特殊な感性を発揮する（平和教育＝平和を侵すのは資本主義国家だけと認識するため、もっぱら自衛隊や米軍批判となり、共産圏に対して甘い／人権教育＝資本主義社会の道徳を否定するために行われ、共産圏に対して目をつぶる／環境教育＝資本主義社会とその企業だけが攻撃の対象とされ、とくに大企業の環境汚染が誇張される）

そうした中、勤務評定実施に対する反対運動、いわゆる勤評闘争（昭和三十一〈一九五六〉年～昭和三十四〈一九五九〉年）は、日教組の歴史において最も激しい運動として展開された。勤務評定それ自体は、地方公務員法が昭和二十五（一九五〇）年に成立したことで、教員も対象として含むものであった。だが、全国の教育委員会は、教員の勤務が評定になじまないとして、これを見送っていた。しかし、昭和三十一（一九五六）年に至って、愛媛県教育委員会が県下にその実施を厳命したため、問題が一気に噴出することとなった。翌年には、勤務評定の実施が全国化し、教員だけでなく、児童生徒や保護者さらには地域住民まで巻き込んだ、大闘争へと発展した。

違法なストライキが打たれ、約六万人の教職員が何らかの処分を受けた。闘争の結果はといえば、自民党・文部省と日教組の痛み分けに終わった。実際、表面上は勤務評定規則が制定されたものの、昇給や昇進に何の影響も及ぼさない自治体がほとんどであった。

とはいえ、勤評闘争によって、学校は決定的に変質した。一つ目に、地域社会の教師を見る目は、確実に厳しくなった。素朴な尊敬すべき対象から、自分たちとは違う行動様式を持った人間、と見なされるようになった。二つ目に、校長・教頭と一般教職員が、分断されるようになった。校長・教頭も日教組に所属していたのだが、途中で戦線を離脱したため、教職員の尊敬を得られなくなったのだ。

なお、勤評闘争は、日教組の組織率を低下させる切っ掛けとなった。実際、文部省が統計を取り始めて以降、日教組の組織率はほぼ一貫して下降傾向にある。調査開始時は、勤評闘争真っ最中の昭和三十三（一九五八）年で八十六％。これが、平成十六（二〇〇四）年には三十％を割り込んだ。最終的には、二十％台に落ち着くものと考えられている。

それでもなお、彼らは声の大きい少数者として、教員の転勤といった人事への介入なども含め、未だ一定以上の発言力を有している。

NHK

周知のごとく、NHKは、税金のような視聴料で運営されている。この機関が行う洗脳工作とは、具体的にどのようなものか。数ある中から、典型的な一例を挙げる。西村幸祐（『NHK亡国論』KKベストセラーズ）などを、参考にしよう。

事は、台湾に対する植民地統治（明治二十八〈一八九五〉年〜昭和二十〈一九四五〉年）とかかわる。阿片・匪賊《ひぞく》・風土病・生蕃《せいばん》（原住民）の四害は根絶不能とまでいわれた台湾に対し、日本は植民地統治の五十年間で莫大な資本を投入し、徹底的に改善を試みたのである。国際社会も認めるような稀に見る成功を収めたわけで、台湾に親日家は多いし、日本人として何ら恥じるところはない。

だが、NHKの評価はまったく違った。格好の材料を提供するのが、『NHKスペシャルシリーズ「JAPANデビュー」』である。四回シリーズで放送されたが、訴訟の対象となったのは、第一回（平成二十一〈二〇〇九〉年四月九日）放送分であった。原告一万人超（第二次提訴時）という、史上最大の集団訴訟にまで発展し、番組で取材を受けた台湾のパイワン族の人々も立ち上がった。

第一回「アジアの〝一等国〟」について、NHKを提訴した訴訟団が問題としたのは、番組内容の偏向と捏造である。とくに問題視されたものの一つが、番組中で用いられた「人間動物園」という表現。どこでの話かといえば、明治四十三（一九一〇）年にロンドンで開かれた日英博覧会。日英同盟と、それに続く日露戦争での勝利を踏まえ、日英経済交流を目的として開かれたものである。公式展示とは別に、余興区画が儲けられ、その中の一つとして「パイワン族による生活状況」が紹介された。当時の日本には非難されるべき帝国主義的・人種差別的圧制があったと印象付けたいNHKが、やれ見世物だ人間動物園だと、ラベル貼りをしたのだ。

第一回の映像中で、現在のパイワン族が暮らす、台湾南部の高士村が紹介される。高許月《こうきょげつ》妹《まい》さんとその兄が、NHKの番組スタッフから、博覧会の会場で売られていたパイワンの人々の写真を見せられる。出てきた言葉は、「悲しいね〈日本語〉。非常にこのことは言葉で言えない〈パイワン語〉」。映像には、「悲しいね。この出来事の重さ語りきれない」、というテロップが付された。

だが、「日本文化チャンネル桜」（水島総代表）の検証取材によれば、パイワン人が「悲しいね〈日本語〉」と言う場合、それは「なつかしい、せつない」という意味なのだ。しかも、意味対応がそうなっていることは、当時の番組制作スタッフも承知の上であったことさえ、明らかになっている。疑問の余地なく、印象操作を意図した捏造編集である。

日本文化チャンネル桜の検証取材に同行した大高未貴の、華阿財《かあざい》さんへのインタビューによれば、ロンドンに行った二十四人のパイワン族は、実に楽しかったようだ。曰く、「民族の舞踏や戦いの儀式を披露しました。滞在が一年四カ月にも及んだので恋も生まれ、結婚式もあった。イギリス人との友情も深まりました」。NHKの番組制作スタッフは、何が何でも暗黒に仕上げたかったらしい。

さて、これほどまでに明々白々な捏造番組であったわけだが、訴訟の結果はどうなったか。東京地方裁判所での第一審は、全面却下に終わった。続く、東京高等裁判所での第二審は、第一審判決を破棄し、「パイワン族が野蛮で劣った植民地の人間で、動物と同じように展示されたと放送した」として、番組出演者の一人である高許月妹さんへの名誉毀損を認め、百万円の支払いを命じた。だが、最高裁判所は高裁判決を破棄し、NHK「JAPANデビュー」一万人集団訴訟の原告側に、全面敗訴を言い渡した。

マスメディアは、表現の自由という葵の御紋を盾にする。そのせいか、事実に即した報道という大前提を踏み外しても、めったなことで敗訴しない。こうして、日本に限らず世界中で、フェイクニュースがばらまかれ続けている。

国外で呼応する中国および韓国・北朝鮮

中国、そして、韓国と北朝鮮は、対日姿勢が他のアジア諸国と違い、きわめて特異である。事あるごとに日本を侮《あなど》り、貶《おとし》めようとする。中華思想を奉じる儒教文化圏（「第六章／第二節

／第三項」も参照）であるため、東夷も東夷の日本に対し、元来が侮日的であるからだ。

何せ、龍の爪を描くにも、本場の中国では五本。それが朝鮮半島へ行けば四本、日本あたりだと三本と、歴史的に相場が決まっていた。実際、北斎の描いた龍も、爪は三本しかなかった。爪四本の朝鮮半島の連中にしてみても、日本は更に一本爪が足りない。その程度にしか格付けされていない日本など、何をかいわんやなのである（石平・加瀬英明『ここまで違う日本と中国』自由社）。

加えて、戦前の行き掛りから、日本が歴史認識という言葉で固まってしまい、腰砕けになることを知っている。筆者からすれば、これら三国とは真逆の意味で、日本が歴史認識を改めるべきだと考えてはいる。当時の国際常識からすれば、日本が戦前に為した個別の戦争や事変を以て、戦勝国側が戦争責任を問えるはずはないからだ。とはいっても、敗戦国の悲しさ。おまけに、和の影が典型であるような、日本人自身の弱さである。

これら特異な三国の仕掛けてくる工作は、超限戦（「第四章／第三節／第六項」を参照）の様相を呈して、数限りがない。そこで、もっとも典型的な話題に絞って論じよう。中国なら「南京大虐殺」、韓国なら「従軍慰安婦」である。なお、北朝鮮の「拉致問題」も許し難いところだが、ここでのテーマから外れるため省略する。

南京大虐殺

いわゆる南京大虐殺なるものは、過去に幾度か騒がれて来た。敗戦直後の東京裁判では、ドイツのホロコーストと同等のレベルへ日本を貶《おとし》めようとして、急遽《きゅうきょ》持ち出された。だが、確たる証拠を挙げられずに退けられた。

次いで、昭和四十六（一九七一）年に朝日新聞へ連載された、同新聞のスター記者である本多勝一の『中国の旅』。今となっては、中国共産党のプロパガンダを鵜呑みにした、何ら裏付けのない記事であったことが分かっている。

さらに、昭和六十（一九八五）年に中国で完成したのが、南京大虐殺記念館。驚くべきことに、この建物は、当時の日本社会党（現在の社民党）の田辺誠委員長が、南京市を訪れた際に建設するよう提案したのだという。田辺の再三の提案と建設資金の寄付の申し出により、記念館の建設が始まったというのだから、恐れ入って言葉もない。

昭和五十三（一九七八）年末以降、鄧小平総書記の下で改革解放に舵を切っていた中国は、国内の緩みを引き締める目的で愛国主義教育を推進した。中国全土に、いわゆる日本の中国侵略とかかわる記念館・記念碑を建立したが、南京大虐殺記念館や中曽根首相靖国公式参拝の問題視も、その一環であった。共産党王朝は日本を中国大陸から追い出したが故に（ウソ話であるにしろ）正当、と中国伝統の易姓革命理論（「第六章／第二節／第三項」を参照）は担保してくれるから、日本は格好のターゲットとされたのだ。

そこで、渡部昇一（『中国・韓国に二度と謝らないための近現代史』徳間書店）などに従い、南京大虐殺の事実関係を要約して示そう。南京攻略（昭和十二〈一九三七〉年十二月）の際、日本軍は、蔣介石軍にオープンシティを勧告していた。戦場で決着がついたら、南京を明け渡して民間人に被害が及ばないようにするという、当時の戦時常識に従ったわけだ。

ところが、蔣介石軍の唐生智司令官は、オープンシティの勧告を拒否した。それでいて、いざ日本軍の総攻撃が始まると、自分も逃げてしまったのだ。司令官を失って大混乱に陥った南京防衛軍は、敗残兵と化して民間人の中に逃げ込み、民間人を殺して服を剝ぎ取ったり、民間人になりすましてゲリラ（いわゆる、便衣兵）になったりした。そのため、日本軍は、国際法で許された残敵掃討をやらねばならなくなった。

そのような訳であったから、死んだ人間の大半は、残敵掃討に遭った敗残兵か、いったんは投降しながら逃げ出そうとして射殺された兵たちであり、国際法上の許容範囲にあった。ちなみに、残敵掃討のとばっちりを受けて死んだ、民間人がいた可能性は否定できない。

それにしても、南京大虐殺があったと喧伝する、いわば「大虐殺派」は昔からいた。例えば、南京陥落の翌年には、オーストラリア人でマンチェスター・ガーディアン紙記者のハロルド・ティンパーリが『戦争とは何か』を上梓し、南京大虐殺論争の火付け役となった。だがこの男、実は蔣介石政府の宣伝部に通じており、対敵宣伝書籍としてでっち上げたことが判明している。一気に現代へ飛んで、平成十七（二〇〇五）年に出版された東中野修道の『南京事件「証拠写真」を検証する』（草思社）は、「まぼろし派」の労作とされる。これまで南京大虐殺の証拠写真とされて来たものを、一点一点精査して、それらがすべてインチキであることを実証したのである。

日本軍が攻める前の南京は、人口が約二十万人であった。南京を押さえた日本軍は、食料を配る必要から住民票に当たる「安許之証」を出しており、そこから二十五万人が居住と判明した。日本軍が南京に入城して、市中の治安が回復したため、南京城内から逃げ出していた人たちが戻って来た。そう解釈しなければ、辻褄の合わない数字である。大虐殺の死臭漂う城内へ、戻って来たとでも言うのだろうか。

従軍慰安婦

花田紀凱《かずよし》の責任編集になる『歴史の偽造！　朝日新聞と「従軍慰安婦」』（「WiLL」二〇一四年十一月増刊号　WAC出版）が、大いに参考となる。話を始める前に、従軍看護婦や従軍記者は、彼らを国家公務員として遇した呼称だが、従軍慰安婦という呼称は、明らかに間違っている。それと、戦場売春婦の多くは、日本人女性であったことも忘れてならない。

まずは、注目すべき逸話を一つ（櫻井よしこ『日本を貶め続ける「河野談話」という悪霊』／花田同掲書）。インドネシアでは、現地の旧日本軍人が、オランダ人捕虜の女性を同意なく売春婦として働かせたことがあった。しかし、事態を知った軍本部は、この慰安所の閉鎖を命じている。

そこで、いわゆる従軍慰安婦問題の、事実関係を確認しておきたい。朝日新聞は平成二十六（二〇一四）年八月五日付朝刊で、慰安婦報道に関する検証記事を掲載し、「吉田清治証言」（直後を参照）が虚偽であったことを認めて、かかわりのある一連の記事を取り消すとした。しかし同時に、「問題の本質は、軍の関与がなければ成立しなかった慰安所で女性が自由を奪われ、尊厳が傷つけられたことにある」と、開き直ってみせた。自らの為した誤報（実際には、捏造）が、国際社会で日本の名誉をいかに著しく毀損したか、一言の謝罪もないという有様だ。

松本國俊（『朝日新聞がこよなく愛した〝従軍慰安婦〟』／花田同掲書）によれば、事の始まりは、吉田清治なる大ぼら吹きの登場であった。吉田が大阪の市民集会でした慰安婦とかかわるほら話（昭和五十七〈一九八二〉年九月一日）を、朝日は裏付けも取らずに翌日の紙面で、「朝鮮の女性　私も連行」と大々的に報じたのだ。これで図に乗った吉田は、『私の戦争犯罪　朝鮮人強制連行』（三一書房）と題するトンデモ本を、翌年に出版したのである。本の中で告白して曰く、「済州島で九名の部下と共に、約二百名の朝鮮人女性を強制連行して、慰安婦にした」。

このトンデモ本は、平成元（一九八九）年に韓国で翻訳出版され、反日感情を一気に高めた。

だが、済州新聞の記者や済州島の郷土史研究家によって、事実無根であることが突き止められ、済州新聞でその旨が報じられた。また、日本からも秦郁彦の調査が入り、同様の結論が産経新聞に載った。そして、吉田自身もその後、『週間新潮』のインタビュー記事〈平成八〈一九九六〉年五月九日号〉で、次のように開き直ってみせた。曰く、「秦さんらは、私の書いた本をあれこれ言いますがね。まあ、本に真実を書いても、何の利益もない。……事実を隠し、自分の主張を混ぜて書くなんていうのは、新聞だってやることじゃありませんか。チグハグな部分があっても、しょうがない」。

これで一件落着、のはずだった。だが、従軍慰安婦をどうしても実在させたい人々〈植村隆〈朝日新聞記者〉や吉見義明〈中央大学〉〉が活動を続ける中、遂にその日がやって来た。平成五〈一九九三〉年八月四日の「河野談話」である。曰く、「慰安婦の募集については、軍の要請を受けた業者が主としてこれに当たったが、その場合も、甘言、強圧による等、本人達の意思に反して集められた事例が数多くあり、更に、官憲等が直接これに加担したこともあったことが明らかになった」。また、談話発表時の質疑応答で曰く、「強制には、物理的な強制もあるし、精神的な強制もあるんです。精神的な強制は、官憲側の記録に残るというものではない。……いずれにしても、ご本人の意思に反した事例が数多くあるのは、はっきりしておりますから」。

河野談話、および、直後に行われた質疑応答における問題点は、次の四つである。

①談話作成の基となったのは、たった十六人の元韓国人慰安婦から得た証言に過ぎない。しかも、人選は韓国側が行い、証言の裏も取っていない。

②「甘言、強圧による等、本人達の意思に反して集められた事例が数多く」あったとしても、これを為し得たのは、地元の地理と言語に精通した韓国人の悪徳業者であった。「軍の要請」はあったのだが、こうした問題が起こらぬようむしろ管理監督をしたのである。

③それにしても、「官憲等が直接これに加担したこともあった」、と断言しているのは何故か。実は、韓国の慰安婦問題を扱った談話であるべきなのに、日本側が故意に別の事件（冒頭で述べた、インドネシアにおけるオランダ人女性売春強要事件）を混ぜて、一つの話にまとめたのだ。自国が不利になるような話を政府が自ら捏造するとは、開いた口が塞がらない。

④「精神的な強制」とは、聞き取りを受けた証言者本人が「嫌だった」と感想を述べれば成立するという、信じ難いレベルの調査なのだ。

それでは、なぜ子供だましの河野談話が、出てしまったのか。韓国側は、韓国民が受け入れられる内容でなければならないとし、慰安婦募集の「強制性」を明記するよう求めた（③に仇花《あだばな》となって結実）。その上で、強制性を認めれば金銭的補償は求めない、ともしたのだ。だが、その約束は反故にされ、韓国からは国家賠償を求める要求が出されるようになった。日本政府がそれに応じないと見るや、韓国は日本国内の人権派弁護士（福島みずほ、伊藤和子、戸塚悦朗など）と連携し、慰安婦問題を国連の人権委員会などあらゆる関連委員会に持ち込み、日本糾弾を始めた。

韓国の主張は、例によって例のごとし。後になってゴールポストを動かしておきながら、まったく恥じ入る様子もない。つい最近（平成二十七〈二〇一五〉年十二月）も、日本政府は慰安婦問題で韓国と最終的かつ不可逆的な和解に達したはず。だが、これまた弊履《へいり》を捨つるがごとく、反故《ほご》にされている。

元韓国籍で日本に帰化した、評論家の呉善花。彼女の指摘（月刊誌「Ｖｏｉｃｅ」平成二十五〈二〇一三〉年四月号）によれば、日韓関係は未来永劫によくなりようがないと分かる。曰く、「日本の政治家はこれまで謝ってきたけれども、いまなお韓国人が謝罪を要求するのは、その謝り方が韓国式の謝り方ではないからである。ではどのような謝り方をすればいいのかといえば、土下座をして、手をすり合わせながら涙を流し、繰り返し「悪かった」といったうえで、日本の領土の三分の一ほどを差し出す、これである」。

第三節　戦前の日本は暗黒とする見方の定着

東京裁判史観

「もはや戦後ではない」。昭和三十一（一九五六）年の『経済白書』は、序文でそう宣言した。敗戦から十年そこそこで、日本の経済は、確かに戦前の水準へ回復しつつあった。だが、それから更に六十年余。平成を過ぎ、令和を迎えた現在に至っても、アメリカの半属国という政治的状況は続き、むしろ完成へと向かいつつある。戦前の日本は暗黒とする見方、が定着して久しい。

その一方が、東京裁判史観。東京裁判によって下された判決内容が、すべて正しいとする歴史観である。それは、以上に述べたようなアメリカの占領期対日工作によって広まり、呼応する国内外諸勢力によって堅持されて来た考え方だ。国内外への政治的配慮からか、つい最近に出された安倍晋三首相の『七十年談話』（平成二十七〈二〇一五〉年八月十四日）にも、相も変わらず受け継がれている。

東京裁判史観を払拭するためには、十五年戦争以前に日本が直面していた対外的困難を、我われ国民が再確認すること。マキャベリズムに聡い欧米列強のやり口と無関係に、日本が

「独り相撲を取ってコケタ」（高山正之〈コラムニスト〉の表現）、わけではない。それらへ対処するための十五年戦争、という面が強くあったのだ。挙げられる対外的困難は、主として次の五つである。すなわち、

①アメリカの向西侵略欲（アメリカの西へと向かう侵略欲は、カリフォルニアへ達してフロンティアが消滅した明治二十三〈一八九〇〉年以降も止まらず、太平洋へと飛び出して日本と衝突した／渡部昇一『渡部昇一の昭和史』ＷＡＣ ＢＵＮＫＯ）

②欧米列強による世界総植民地化（日露戦争の行われた二十世紀初頭、日本を含めた真の独立国は全世界で十指程度に過ぎなかった／鈴木孝夫『日本人はなぜ日本を愛せないのか』新潮選書／「第六章／第二節／第一項」も参照）

③ソ連によるコミンテルンの結成（ソ連対外工作部が世界の共産化を狙って大正八〈一九一九〉年に結成したもので、日本共産党の結成を支援したり、田中上奏文を捏造したりしながら、日本を大東亜戦争へと追い詰め始めた／江崎道朗『コミンテルンの謀略と日本の敗戦』ＰＨＰ新書）

④アメリカで成立した絶対的排日移民法（大正十三〈一九二四〉年に成立した同法は、日本人を帰化に不適格な外国人と見なし、その土地所有や借地権まで禁じたもので、日本の世論を激昂させ、大東亜戦争の遠因となった／昭和天皇が戦後に漏らされたご感想）

⑤アメリカはウォール街の株大暴落（昭和四〈一九二九〉年に起こったが、これを機に英米圏で世界経済のブロック化が進んだため、持たざる国の日本は大東亜共栄圏構想へ傾斜を強めることとなっ

た／渡部昇一『渡部昇一の昭和史』ＷＡＣ ＢＵＮＫＯ）

加えて、侵略戦争という概念それ自体についても、しっかりと確認しておきたい。倉山満（『嘘だらけの日中近現代史』扶桑社新書）によれば、侵略とは国際法用語で、「Aggression」の訳語である。侵略か否かを見極めるポイントは、先に手を出すことでも、先制武力攻撃を行うことでもない。要は、「挑発もされないのに、先に攻撃を仕掛けること」だ。いわゆる十五年戦争は、自衛戦争であったのだ。帰国後のマッカーサー自身が、米上院軍事外交合同委員会（昭和二十五〈一九五〇〉年）で、そう証言している。

自虐史観

東京裁判史観と表裏一体を成すのが、いま一方の自虐史観。否定されたのは、我が国の戦前における軍事行動だけでなかった。それを根元で支えていた、戦前の価値観にまで及んだのだ。とくに、歴史の見方は重要で、戦前が皇国史観（日本民族の統合の中心を、万世一系の天皇に求める思想）であったのに、戦後は唯物史観（人間のこれまでの歴史は、階級闘争の歴史であるとの思想）へと、転換が図られた。その結果、戦後の日本史教育は負の面ばかりを強調し過ぎる、偏った歴史観を自国民に植え付ける内容となった。自国の歴史に誇りを持てない、昔の日本は最悪だった、日本は反省と謝罪をしなければならない、と国民が自虐的になったのも無理はない。

自虐史観を払拭するためには、大東亜戦争の大義を今一度、顧みることだ。直前でも述べたごとく、二十世紀の初頭、欧米列強による世界総植民地化は、完成に近づきつつあった。その閉塞状況に大きな風穴を開けたのが、大東亜戦争。「開戦の詔勅」（昭和十六〈一九四一〉年十二月八日）では、自存自衛だけでなく、東亜の開放も謳われた。三年九カ月に及ぶ死闘の末、戦争に敗れはしたものの、間違いなく東亜の諸民族を震撼させ、衝撃は世界中に波及したのである。戦後の間もない頃から、アジア・アフリカ・オセアニアで植民地の独立ラッシュが起こり、合計百十二にも上る非白人種の独立国が新たに誕生したことを、忘れてはならない（鈴木孝夫『日本の感性が世界を変える　言語生態学的文明論』新潮選書）。

あの時、もし日本が立ち上がらなければ、欧米列強による世界総植民地化は、完成の域に達したはずである。日本も、戦わずしてアメリカの軍門に下ったことであろう。もっとも、戦って敗れた戦後の日本は、アメリカの半属国となり果てたが。タイの元首相ククリット・プラモードの言（名越二荒之助編『世界から見た大東亜戦争』展転社）を以てすれば、日本は「身を殺して仁をなした」という面が、少なからずあったのだ。

そういえば、さらに遡ること約二十年。国際連盟設立委員会（大正八〈一九一九〉年）の場において、五大国の地位を占めていた日本は、すでに人種平等案を強硬に主張していた。案の定、植民地の権益を守りたい欧米列強から、受け入れられるはずもなかったが。

第四節　退嬰化＝国家の正当性と士気の喪失

敗戦国に生じる一般的問題

日本にはとかく辛口な、ヘンリー・キッシンジャー。彼は、ニクソン政権およびフォード政権の下で政府の要職を務めた人物だ。その彼が、敗戦国に生じる一般的問題を次のように指摘している（日下公人と伊藤貫『自主防衛を急げ！』李白社）。

戦争に負けて敵軍に占領された国には二つの対応策しかない。すなわち、「①占領軍に対して長期間の徹底的なゲリラ戦を実行する、または、②目先の利益と安全を確保するため占領軍に協力し服従する」。我が国は、②の対応策を採ったわけだ。だが、同じく彼の指摘によれば、長期間に渡って②の対応策を採り続けると、必ず二つの問題が生じる。すなわち、「㉑国家が正統性を失う、かつ、㉒国家が士気を失う」。

敗戦国は敵国の占領軍が押し付けた憲法や法律、行政制度や教育制度、そして、歴史解釈（当然ながら、戦勝国は善で敗戦国は悪という）を丸呑みすることになる。そのため、敗戦国の国民は、「この国は、戦勝国に服従している属国に過ぎない」ということを知っている。周囲の国も、その国を本当の独立国として扱わない。つまりは、「㉑国家が正統性を失う」。加えて、「この国は、戦勝国の顔色を窺っている卑怯者に過ぎない。こんな国のことなど、本気で考える必要はない。自分が出世して金持ちになれば、それで十分だ。自分の趣味と私生活を大切にする生き方に、専念しよう」ということになってしまう。つまりは、「㉒国家が士気を失う」。

退嬰化と平成の衰退マインド

アメリカによる日本弱体化工作と、それに呼応した国内外諸勢力の動き。また、これらに後押しされた、戦前の日本は暗黒とする見方の定着。こうして、図表2に示すごとく、「退嬰化＝国家の正当性と士気の喪失」は出現し、増強の道を辿ったのである。

もう一つ付け足すなら、国防を忘れた経済至上主義。戦後の復興期はともかく、いつまでも続けていれば、いずれは日本を滅亡の淵へと追いやる危険性が大であった。経済的繁栄に浮かれているだけだと、周りの国々から嫉妬され、果ては疑念や憎悪を抱かれて、潰しに掛かられるのが落ちなのだ。古代のカルタゴ（月尾嘉男『日本が世界地図から消滅しないための戦略』致知出版社、森本哲郎『ある通商国家の興亡　カルタゴの遺書』ＰＨＰ研究所）や、近世のオランダ（岡崎久彦『繁栄と衰退と　オランダ史に日本が見える』文春文庫）という、滅亡ないし衰退した国々の先例に学んでおきたかった。

そこで、戦後の日本でどのようにして、退嬰化が増強の道を辿ったのか。和の影が果たした触媒作用とかかわらせながら、いささか誇張気味に表現してみよう。ＧＨＱが乗り込んで来たその日から今日に至るまで、「和の影①＝空気の支配」で、情の落とし所はアメリカべったりと見定めた（親米どころか、しばしば媚米に走って）。その上でのことだが、政治家やキャリア官僚（後者の方が、実質的な政治支配者）たちは、「和の影②＝世間益による国益の食い破り」で、アメリカの意を体しながら、国益度外視で地元益や省益を追求し、「和の影③＝減点法のリスク回避」で、アメリカの意に沿わない言動は次の選挙や省内での出世に響く、と極力回避して来た。アメリカの意を忖度するとなったら、年次改革要望書も丸呑みするほどの涙ぐましさで、「和の影④＝過剰適応による自己喪失」へと一瀉千里に突き進んだ。おまけに、「穢れの影＝軍隊を嫌う平安貴族もどき」で、アメリカに懸念を抱かれぬよう自衛隊は継子扱いしたまま、「言霊の影＝リアリズム欠如の思考停止」で、アメリカの顔色をリトマス試験紙に唯々諾々と世界の大勢に従って来た。

こんなやり方を延々と続けているうちに、遂には「平成の衰退マインド」（＝「和の影＆退嬰化」の極まった状態／図表1を参照）へ、はまり込んでしまったというわけだ。戦後から平成末までの七十年余を掛けて起こったのが、そして、令和へ持ち越されたのが、この体たらくである。こうした状態では、現状維持が狙われ、乗り越えようとの努力が為されず、活力が失われている。成長マインドとは、ベクトルの向きが真逆だ。戦後の平和教育世代が、平成の御代を牛耳るようになったわけだから、完成の域に達したとして無理もなかった。なるほど、ブッシュ（息子）大統領でなくても、「イラク占領はＧＨＱ方式で」と言いたくなろうというものだ。

平成の衰退マインド、その雰囲気を味わってみよう。とある意識調査（週刊誌「ＡＥＲＡ」平成二十八〈二〇一六〉年五月十六日号）によれば、「他国や武装組織の日本攻撃には、どう対処すべきか」と問われ、次のような答が並んだという。すなわち、「日本には攻めて来ないと思う」、「外交の力で攻撃されないようにすればよい」、および、「日本は戦争しないで、米軍に戦ってもらえばよい」。それぞれの答を採点すれば、「根拠なし」、「軍事力が背景になければ意味なし」、および、「子供じみた非常識」。

筑波大学が、日中韓三カ国の中学生を意識調査した（平成十三〈二〇〇一〉年）。その結果、「将来に大きな希望を持っている」が「二十九％／九十一％／四十六％」、および、「自分の国に誇りを持っている」が「二十四％／九十二％／七十一％」であった。また、同じ年に日本青少年研究所が、日米仏韓四か国の青少年を意識調査した。その結果、「人生でもっとも重視する目標」が「国家や社会への貢献」と答えた者は、米仏が七十％を超え、韓国が三十％台であったのに対し、日本は一桁に止まった。対照的に、「自分の好みにあった気楽な人生を送りたい」と答えた者は、米仏が一桁であったのに対し、日本は六十一％に達した（中西輝政『国民の文明史』ＰＨＰ文庫）。

昭和を代表する作家の三島由紀夫。彼は、平成の衰退マインドが出現することを、鋭く予見していた。いわゆる「三島事件」（昭和四十五〈一九七〇〉年十一月二十五日）を起こして、自衛隊市ヶ谷駐屯地で割腹自殺を遂げたわけだが、その四カ月ほど前に、『果たし得ていない約束　私の中の二十五年』と題する一文を、当時のサンケイ新聞に発表している（七月七日付）。ちなみに、三島が割腹した昭和四十五年は、終戦から数えてちょうど二十五年目に当たる。

曰く、「私はこれからの日本人に大して希望をつなぐことができない。このまま行ったら「日本」はなくなってしまうのではないかという感を日ましに深くする。日本はなくなって、その代わりに、無機的な、からっぽな、ニュートラルな、中間色の、富裕な、抜目がない、或る経済的大国が極東の一角に残るのであろう。それでもいいと思っている人たちと、私は口をきく気にもなれなくなっているのである」。三島の死からおよそ半世紀、彼の予見した通りになってしまった。皮肉なことに、「或る経済的大国が極東の一角に残る」可能性は、危ぶまれつつあるが。

見習いたいドイツの強かさ

それに引き換え、見習いたいのは戦後ドイツの強《した》かさ。先の大戦では枢軸国として戦ったわけだが、侵略戦争などまったく認めていない。歴史を振り返れば、昔から攻め込んだり攻め込まれたりを繰り返して来たのであり、ドイツだけが謝罪することなどあり得ない、との立場を採っている。したがって、いずれの二国間でも講和条約を結んでいないし、ましてや賠償金など支払っていない（日本は、すべての関係国と賠償問題を済ませている）。

さらに、ナチスの行ったユダヤ人大量虐殺（ホロコースト）。驚くべきことに、ドイツはこの明々白々な問題についてさえ、国家としての謝罪をしていない。ドイツの見方によれば（西尾幹二『異なる悲劇　日本とドイツ』文春文庫、および、同『日本人はアメリカを許していない』WAC文庫）、ナチスはドイツに取り付いた癌細胞ともいうべき悪魔のようなものであり、自身が被害者であった。したがって、連合軍はまさしく解放軍であり、ナチスと敗戦後のドイツとは断絶していると主張したのである。

もし連続していると認めれば、日本と違って敗戦時に政府は崩壊していたのだから、国家としての存続さえ危うくなる。分割されて消滅する、と踏んだのであろう。この線に沿って為されたユダヤ人虐殺とかかわる償いは、国家が国家に対して行う国家賠償としては成立しようがない。国家が個人に対して行う、しかも、戦争とは関係のない行為に対する個人補償とせざるを得なかった。

ドイツは戦後、かくのごとき強かさを示した。それにしても、ドイツが敗戦時に出した降伏の前提条件は、次の三つ。すなわち、新憲法、国軍、および、教育基本法だけは自らの手で作る。加えて、非公式ながら占領下でさえ、情報機関（ゲーレン機関）の所有を許された。隠し持っていたソ連・東欧関係の貴重な情報を米側へ渡すことで、交渉を成立させたのだ。国体（天皇に象徴される日本の国柄）の護持以外は、「負けっぷりを良くする」（時の首相であった吉田茂の発言）などと、俎板の上の鯉で応じた日本人とは、腹のすわり方が根本から違っていた。

もっとも、ドイツがこうまで強かに振舞えたのは、日本との国柄の違いもさることながら、占領政策に対するアメリカの関与の仕方ともかかわっていた。渡部昇一（『武士道とは何か』別冊宝島）によれば、アメリカ人には騎士道が分からない。騎士道は西洋中世のものであるが、アメリカに移民したプロテスタントは、西洋中世を否定するところから始めたからである。そのため、戦争に勝っても、敗者となった相手を騎士道で遇するという精神を持ち合わせないのだ。

ドイツでのニュルンベルク裁判と、日本での東京裁判を比べてみたらよい。ニュルンベルク裁判では、他の西欧諸国もかかわったせいか、ナチス関係者がユダヤ人のホロコーストとの関連で裁かれはしたものの、ドイツ陸軍自体は裁かれていない。一方、アメリカが引き回した東京裁判では、帝国陸軍を中心に七名が、A級戦犯として絞首刑に処せられている。騎士道精神を持ち合わせないアメリカだからこそやれた、リンチ裁判を絵に描いたような茶番劇だったのだ。

第三章

現に猛威を振るう三種類の苦難と改善策

第一節　過労死

改めて平成の衰退マインド

本章で論じるのは、日本人として見過ごせない、現に猛威を振るう三種類の苦難（過労死、いじめ、ひきこもり）と、それらの改善策である。ちなみに、過労死と引きこもりは、最新のオックスフォード英語辞典に「karoshi」と「hikikomori」の表記で収録されているほど、日本に偏って存在する傾向が見て取れる。一方、いじめ（大人の場合なら、パワハラ）は、世界に遍く存在するものの、日本人のいじめには日本的な特徴がある。

ただし、平成の衰退マインドという視点からすれば、それに該当するのはひきこもりだけ。過労死やいじめは、和の影しか影響が及んでいないため、平成の衰退マインドとしては片目が開いているだけである。そうではあるのだが、いじめは、ひきこもりの引き金になりやすい。また、過労死は、和の影が影響を及ぼす典型的なケースだ。これらを考慮して、三者とも取り上げることとした。

なお、断るまでもないが、ひきこもりの場合、公共政策を以てどうにかできるものでもない。したがって、「平成の衰退マインドは捨て去れ！」の精神が、巡り巡ってはともかく、直には有効性を発揮し得ない対象と考えられる。

発生件数

そこで、まずは過労死。事例の紹介から入ろう（川人博『過労自殺 第二版』岩波新書）。Aさんは、平成十一（一九九九）年に大学を卒業し、某金融機関に女性総合職として入社した。明朗快活で、国際性も兼ね備え、将来を嘱望される人物であった。入社当初は、会社で業務展開していたリース業とかかわり、配属された支店が担当する代理店に利用を勧誘するルート営業であった。その後、会社の各種商品を地域の企業に販売する法人営業へと、担当は替わった。その頃から長時間労働が一層深刻化し、出社は午前八時、退社は午後十一時半頃が日常となった。睡眠時間はせいぜい四時間、という異常な状況が続いた。土曜日にも出勤することがよくあり、休日や平日深夜に自宅で仕事を行うことも多かった。こうして、Aさんの時間外労働は、自宅労働を除いても月百時間をはるかに超えていた。しかも、会社の労働時間管理記録は実態を反映せず、時間外労働の多くはいわゆるサービス残業となっていた。こうした過酷な労働が続く中、心身ともに疲労困憊して、調子を崩したAさんは、退職を申し出るしかなかった。だが、この時の支店長の対応がパワハラそのもの。遂に力尽き、二十代半ばで自殺するに至ったのである。

「過労死等防止対策推進法」（平成二十六〈二〇一四〉年施行）において、「過労死等」とは、次のように定義づけられている。すなわち、業務における過重な負荷による脳血管疾患・心臓疾患を原因とする死亡、業務における強い心理的負荷による精神障害を原因とする自殺による死亡、ないし、死亡には至らないが、これらの脳血管疾患・心臓疾患、精神障害。

ちなみに、過労死という言葉自体は昭和五十年代（一九七〇年代後半）、それまで急性死や突然死と呼ばれていたのが、産業医によって言い換えられるようになったものである。ただし、広く用いられるようになったのは、昭和も最終盤の六十年代（八〇年代後半）になってからだ。

厚生労働省の労災認定基準を満たした過労死等のケースは、平成二十二（二〇一〇）年の場合、脳・心臓疾患が二百八十五件（うち死亡が百十三件）、同じく精神疾患が三百八件（うち自殺が六十五件）となっている。だが、これらの件数は実態から大きくかけ離れている。労災請求の為される事案自体が、氷山の一角に過ぎないからだ。過労死等の実数は、はるかに膨大なものとなろう。

原因

図表2に示されるごとく、過労死を生み出すのに影響力を発揮する和の影は、次の三つ。

すなわち、「和の影①＝空気の支配」（◎）、「和の影③＝減点法のリスク回避」（◎）、および、「和の影④＝過剰適応による自己喪失」（○）である。ちなみに、前二者（◎）が最後者（○）よりも影響力は大きい。

歴史を振り返って見れば、日本では明治以降、殖産興業と富国強兵の掛け声の下、長時間労働によって産業革命が成し遂げられた。また、敗戦以降は、廃墟と化した日本を復興させ、欧米に追い付き追い越すため、長時間労働が経営システムに組み込まれた。高度経済成長が成し遂げられ、世界有数の経済大国にまで伸し上がったのだ。だが、平成が始まって間もなく、バブル経済は崩壊し、長期の不況に見舞われるようになった。キーワードは「成長」から「生き残り」に代わり、そのための長時間労働が強いられることとなった。

現在、日本の一般労働者の年間総労働時間は、労働基準法が額面通りに適用されれば千八百八時間でよい。だが、実際は二千二十一時間と、主要国の中ではダントツに長い（厚生労働省、平成二十六〈二〇一四〉年）。フランスやドイツと比べ、数カ月分も余計に働いた計算になる。

過労死等の原因として、とりわけ問題なのは長時間労働。年間三千時間前後も働き、月間の時間外労働が八十時間を超えるようだと、危険水準にあると見てよい。とある調査（ベネッセ教育研究開発センター、平成十七〈二〇〇五〉年）によれば、東京に住む幼児の父親は、午後十一時台に帰宅する人がもっとも多い。よく働くといわれる北京・上海・台北の父親でも午後六時台か七時台、日本の次に遅いソウルでさえ八時台、である。朝はといえば、五時〜六時に家を出ているし、休日出勤も珍しくない。これでは、自分の健康も家庭生活もすべてを犠牲にしてしまう生活だ。

加えて、非管理職は、月平均で十三・二時間もサービス残業（賃金不払い残業）をしている（労働政策研究・研修機構、平成二十三〈二〇一一〉年）。また、欧米を始め他の国では百％近く取得する年次有給休暇も、四十八・八％と半分に満たない取得率である（厚生労働省、平成二十六〈二〇一四〉年）。しかも、我が国では有給休暇の買い上げが基本的に認められないため、残した有給はそのまま消えて行く。

長時間労働を抑制する法律は、当然ながら存在する。時間外労働に関する労使協定、いわゆる三六《さぶろく》協定である。労働基準法三十六条に基づき、会社は法定労働時間（原則として、一週四十時間以内かつ一日八時間以内とし、休日を一週に一日以上与えること）を超える時間外労働を命じる場合、労組などと書面による協定を結び、労働基準監督署に届け出ることが義務づけられている。しかも、厚労省は通達で、時間外労働の限度を原則として月四十五時間としている。ただし、適用外の業務（建築業・運送業や研究職など）があったり、特別条項（大変な時期には例外を認める）があったりで、運用によっては青天井となりかねない危険性を孕《はら》んでいる。

それにしても、事例で紹介されたAさんの場合はどうであったか。彼女の勤務する会社が当該労組と結んだ三六協定では、一カ月四十五時間、一年三百六十時間を時間外勤務の上限と定めていた。Aさんの勤務実態がそれとかけ離れて酷いものであったこと、会社の労働時間管理記録が帳尻を合わせるべく改竄《かいざん》されていたことは、すでに述べた通りだ。

長時間労働は、どうして無くなりにくいのか。更なる背景を探って行けば、日本の世間が見えて来る。鍵となる概念は、裏の承認、同じ時間を過ごすこと、行き過ぎたおもてなし精神、および、再チャレンジしにくい社会。

一つ目に、裏の承認。太田肇（『個人を幸福にしない日本の組織』新潮新書）によれば、自分がいかに頑張って会社のために貢献しているか、認めてもらいたいのだ。わずかな残業手当を期待しているわけではない。その意味で、長時間労働は、承認欲求の発露でもある。同じく、太田（『お金より名誉のモチベーション論』東洋経済、『承認欲求「認められたい」をどう活かすか？』東洋経済）によれば、裏の承認とは、和や規律ないし序列を大切にしている姿が、奥ゆかしさや陰徳が、そして、ミスをしないことが良しとされること。「和の影③＝減点法のリスク回避」（◎）とも通じる、いかにも日本的な承認の在り方を指す。能力や業績が称賛されるとか、個性が尊重されるといった、世界標準である「表の承認」とは好対照を成す。

二つ目に、同じ時間を過ごすこと。鴻上尚史（『「空気」と「世間」』講談社現代新書）によれば、お互いが同じ世間を生きている。それを確認するために、会社で同じ時間を過ごすことが目的となっているのだ。仕事が有ろうが無かろうが、同じ時間を過ごすことが大切なのであって、やれ効率だ余暇だなどと考えるようでは、同僚から排除されてしまう。「和の影①＝空気の支配」(◎)もここまで来ると、悲喜劇というしかない。

三つ目に、行き過ぎたおもてなし精神。日本は、消費者や顧客に対する企業サービスがとても充実した、便利な国だ。だが、行き過ぎたおもてなし精神は、悲劇を招く。サービス産業で働く労働者は、昼夜を問わぬ長時間労働を強いられており、飲食店・小売店・運送会社で働く多数の労働者が、過労死で亡くなっている。サービスは適正な価格を払わなければ受けられない、と悟るべき時期が来ているのだ。ここでは、「和の影④＝過剰適応による自己喪失」(○)が寄与しているのだろう。

四つ目に、再チャレンジしにくい社会。手当てなしでも残業し、有給を捨ててでも働く日本の労働者は、さぞや会社への忠誠心や愛社精神に満ちているのであろう、と推測される。だが、働く人のエンゲージメント(engagement〈仕事に対する熱意〉)に関する国際比較によれば、これの高い社員は、世界平均が三十五%であるのに対し、日本では十三%しかいない(コンサルタント会社タワーズワトソン、平成二十四〈二〇一二〉年)。逆に、これの低い社員は、世界平均が二十六%であるのに対し、日本では五十%にも達する(大手人材コンサルタント会社ケネクサ、平成二十四〈二〇一二〉年)。

ついでながら、欧米やアジア諸国では労働市場が発達しており、転職が容易である。アメリカあたりでは、平均四年で会社を替わるという。その点、日本は右も左も分からないうちに新卒で就職し、いったん就職したらそう簡単に会社を移れない。そのせいか、不満を抱えながら会社に留まっている若者が多い。会社への帰属意識を尋ねた調査〈ISSP国際比較調査、平成十七〈二〇〇五〉年〉によれば、今の職場で勤務を続けたいと答えた若者は二十七・五％と、調査した十一カ国でもっとも少なかった。それでいて、続けることになろうと答えた若者は、突出して最多であった。「和の影③＝減点法のリスク回避」（◎）のためであろう、再チャレンジしにくい社会なのだ。

改善策

過労死が起こるについては、三つの和の影が影響力を発揮していた。加えて、明治に開国して以降の時代状況や、日本人の生真面目な労働観も効いたのだと思われる。改善策を講じるのは、必ずしも容易なことであるまい。だが、国際用語の「karoshi」には、「働き過ぎで死ぬなんて、何と悲惨で馬鹿げたことか」との意味が込められている、と知るべきだ。

過労死とかかわる和の影を、自覚するところから始めたい。その自覚は持った上で、たとえ表面的であっても、長時間労働というひずみを正すことが焦眉の急である。川人博（『過労自殺　第二版』岩波新書）は指摘する。時間外労働・休日労働・深夜労働に関し、男女共通の絶対的規制を法律によって定めなければならない。ここで、絶対的規制とは、労使協定や労働契約でも超えることのできない、限界を法律で定めたものである。

また、指摘する。ＥＵ（欧州連合）の「労働時間編成指令」（平成五〈一九九三〉年）を参考にしたらよい。同指令では、「勤務時間インターバル規制」を定め、「二十四時間につき最低連続十一時間の休息時間」を義務化している。例えば、夜十一時まで残業した場合、翌日の勤務は始業時刻にかかわりなく、午前十時まで免除される。労働者の健康に配慮したやり方だ。

さらに、指摘する。労働者が際限のない頑張りを強いられる会社は、ダメな会社である。この種の精神主義は、日本社会の悪しき伝統だ（戦前の軍隊など、その典型であった）。そこで、いざという時には同僚や上司からのフォローが期待できる、失敗が許される職場でありたい。また、体調が悪ければ休みを取れる、義理を欠いてもよい職場でありたい。同僚や上司や取引先に迷惑を掛けられない、と配慮し過ぎては仇になる。

留意すべきは、若干の周辺事項にも及ぶ。時代状況として、今や老若男女を問わず、誰でも職場を追われる可能性がある。失業してもやって行ける、セイフティネットの充実が求められる。過労死は、その前段階として、うつ病（直後を参照）などの精神疾患に陥っているケースが少なくない。この方面の基礎知識は、持っておいた方がよい。関連して、組織の大小や活動の官民を問わず、いずれの労働現場にもブラックな面がある。家庭や学校での教育を通じて、その実態を過不足なく知っておいた方がよい。

なお、うつ病は、今や日本に限らず世界中で大流行である。時代病であり、平成の衰退マインドとも雰囲気的に通い合うところがあるから、ごく簡潔に触れておこう。

次に挙げる九項目のうち、五個以上が二週間続いた場合に、うつ病と診断される（ただし、①および②の、少なくとも一方は含むものとする／中野敬子と夏目誠『うつが消えるストレスコントロール術』宝島社）。すなわち、「①抑うつ気分、②興味や喜びの喪失、③体重の減少や増加、④睡眠障害（不眠や過剰な睡眠）、⑤焦燥（あせり）や抑制（のろさ）、⑥疲労感、⑦自分を価値のない人間と思う罪悪感、⑧思考力・集中力・決断力の低下、⑨繰り返す死への願望」。日本の患者数は、平成二十六（二〇一四）年時点で百十二万人弱、百人に一人の割合である。これらの症状を軽度に抱えるものの、抗うつ薬を使うまでもなく、ストレスが調整できれば何とかなる場合もある。抑うつ状態（性格的には、多分に内向的）とか適応障害（恐らく外交的）と呼ばれるケースで、合わせれば一千万人を超えると思われる。

第二節　いじめ

発生件数

まずは、事例を紹介しよう（内藤朝雄『いじめの構造』講談社現代新書）。平成十八（二〇〇六）年十月十一日、福岡県内の某中学校二年の男子生徒A君が、「いじめられてもう生きていけない」などと遺書を残し、自宅の倉庫で首つり自殺をした。学校では、一年次の担任であったX教諭を含め、多くの生徒が辱めや加害行為にかかわっていた。長期にわたり、言葉によるいじめが続いていた。死の直前には、パンツを脱がすいじめもあった。加害者たちは、A君の自殺を知らされた後でも、「死んでせいせいした」、「別にあいつがおらんでも、何も変わらんもんね」、「おれ、のろわれるかもしれん」などと、ふざけて話していた。ある生徒は、A君の通夜の席で、棺桶の中を何度も覗き込んで笑った。「Aがおらんけん、暇や」、「誰か楽しませてくれるやつ、おらんと?」と言う者もいた。実際、A君の自殺後、彼らは別の生徒をいじめた。

文部科学省の定義（平成十八〈二〇〇六〉年）によれば、いじめとは、「一定の人間関係のあるものから、心理的・物理的攻撃を受けたことにより、精神的な苦痛を感じているもの」。

行為者ではなく、行為を受ける側の気持ちや捉え方に、重点を置いた定義である。たとえ行為者が悪ふざけのつもりでやったことでも、その行為を受けた人が「精神的にショックを受けた」と感じれば、それは立派ないじめということになる。心理的・物理的攻撃とは、例えば悪口や仲間外れ行為（無視など）であり、例えば金品を取り上げたり、暴力を振るったり、衣服を脱がせたりする行為である。いずれの場合も、相手が嫌がることを反復して行ってい る、同一集団内で起こっている、行為者に明らかな優位性がある、嫌がっていることを分かった上で行っている、一対一ではなく周りに傍観者がいる。その根底には、人が困ったり悲しんだりしている様子を見て楽しんでいる、という歪んだ心理が横たわっている。

いじめの発生件数は、小学校の高学年から中学校にかけてがピークである。報告されているものだけでも、年間二十二万五千件余りに及ぶ（発生率にして、約〇・一五％／平成二十七〈二〇一五〉年の小学校〜高等学校）。かつてと比べれば一桁上がっているが、文科省が通知などの形で取り組みを本格化させ、現場からの報告が増えたためだ。だが、残念ながら、この数値はまったくデタラメである。こう断言する森口朗（『いじめの構造』新潮新書）は、視点が至って現実的であるし、提言も具体的である。本節では、森口の主張などを参考にしながら、日本的ないじめの全体像を把握しよう。

そもそも、報告された発生件数は、実態と掛け離れている。発生率〇・一五％が小中高と続けば、十二年間で一度もいじめに遭わない確率は、九十八％強となってしまう。また、都道府県の間で発生率に差があり過ぎる。最大の愛知県が〇・三四％であるのに対し、最小の福島県は〇・〇一％であり、三十倍以上も違う。いじめと密接な関係にある不登校はといえば、都道府県間で約二倍の差しかない。

どうして、こうもデタラメになるのか。何といっても、文科省がいじめ発生件数を調査するためである。教育委員会にいじめの報告を上げれば、校長も含めた当該学校教員の評価に影響しかねないし、どのように対処して成功ないし失敗したかの報告も求められる。いじめか否かの判断権が学校にある以上、容易には報告できないことであろう。加えて、教師は概していじめに鈍感である。父母から起こされるいじめの訴えに、日頃からうんざりしている。それと、本当にいじめられている子は、なかなか教師に報告しない。プライドが許さないし、報告したところで学校や親が解決できなければ、いじめが酷くなりかねない。そして、教員室内で教員間のいじめがはびこっている学校も、稀なケースではない。そうした場合、子供のいじめには、ますます目が行き届きにくくなる。

それでは、どうすれば正確ないじめ件数を把握できるのか。いじめ被害者が自ら、メールや電話でしかるべき機関へアクセスできるような、システムを構築した方がよい。正確ないじめ件数にやや近いものが、把握できると思われる。このアクセスに対し、学校は対策義務を負わないが、精神科医やスクールカウンセラーの助言を得て、被害者に転校許可を出すことはあり得る。むろん、これまで通り、いじめの判断権は学校が持つべきである。これがないと、学校は自ら解決すべきいじめを特定できない。

こうすれば、いじめ件数は、二系統の把握が可能となる。すなわち、被害者本人による主観的判断と、学校による文科省の定義を適用した判断である。いじめに対処する上で、それぞれ独自の有効性を発揮するはずだ。

原因

図表2に示されるごとく、いじめを生み出すのに影響力を発揮する和の影は、次の二つ。すなわち、「和の影①＝空気の支配」（◎）、および、「言霊の影＝リアリズム欠如の思考停止」（○）である。

いじめは本能である、セルフエスティーム（自尊感情）の上手く育たなかった子が起こす、受験競争や管理教育が生み出す。いずれも一理あるが、一般論の域を出ない。改善策を的確に打つには、被害者となるリスクの比較的高い子供と低い子供がいる、という事実を押さえる必要がある。

そこで、昨今の若者に定着しつつある「スクールカースト」という言葉を導入し、被害者リスクの高低分析をしてみる。その最大の決定要因は、コミュニケーション能力である。学力や運動能力といった「クラス内ステータス」は、副次的な重要性しか持たない。

図表3をご覧いただきたい。スクールカーストの中核を成すコミュニケーション能力は、重要度の順に並べれば、「同調力、共感力、自己主張力」の三つで決定される。同調力とは、クラスの空気に同調し、場合によっては空気を作っていく能力のこと。クラス（というか、日本の世間）を生き抜いて行く上で、不可欠な能力である。一方、共感力とは、他者と相互に共感し合う能力のことであり、自己主張力とは、リーダーシップを取る能力のことである。共感力と自己主張力は、コミュニケーション能力として重要であるにしても、クラスを生き抜いて行く上で必ずしも不可欠ではない。

そこで、図表中に挙げられている、いじめ被害者の特徴である。三例のすべてが、同調力の低い場合に集中している。とくに、共感力まで低ければ、自己主張力が高い低いにかかわらず、「被害者リスク大」となる。すなわち、「自己中」および「何を考えているんだか・・・」。また、共感力が高くても、自己主張力が低ければ、「被害者リスク中」となる。すなわち、「いい奴なんだけど……」。

つまり、被害者リスクの高低という点から見れば、同調力の高低（H対L）でハッキリと差が開く。共感力の高低はほどほど、自己主張力など取るに足らない。こうして、いじめられずに小中高と十二年間を過ごしたかったら、「共感することは大事だが、自己主張などはせずに、もっぱら空気を読め」、という話になる。「もっぱら空気を読め」とは、文字通り「和の影①＝空気の支配」がことのほか重要（◎）ということ。「自己主張などはせずに」とは、

図表3 スクールカーストを決定づけるコミュニケーション能力（同調力、共感力、自己主張力）の高低（H 対L）といじめ被害者になり得るリスク

		同調力 H	同調力 L
共感力	H	自己主張力 H＝スーパーリーダー L＝人望あるサブリーダー	自己主張力 H＝栄光ある孤立 L＝いい奴なんだけど・・・ （被害者リスク中）
共感力	L	自己主張力 H＝残酷なリーダー （いじめ首謀者候補） L＝お調子者・いじられキャラ （いじめ脇役候補）	自己主張力 H＝自己中 （被害者リスク大） L＝何を考えているんだか・・・ （被害者リスク大）

（森口朗『いじめの構造』新潮新書，より内容を改変して転載）

言い換えれば「言霊の影＝リアリズム欠如の思考停止」がこれに次ぐ（○）、ということになろうか。かのKYこそ、日本ではもっとも嫌われるということだ。事の良し悪しは別にして、日本の世間を生き延びるとは、そういうことなのだ。日本のいじめがまさしく日本的様相を呈する理由は、ここらあたりにある。

ついでながら、図表中の例示によれば、いじめ加害者の特徴として、共感力の低さが挙がる。ただし、意外なことに同調力は高いのだ。つまり、彼らは共感力が低いものの、空気を敏感に読んでいるということだ。この組み合わの下では、自己主張力が高ければ、いじめ首謀者候補の「残酷なリーダー」。自己主張力が低ければ、いじめ脇役候補の「お調子者・いじられキャラ」となり得る。

なお、いじめの被害者とも加害者とも無縁な、別の類型が三つある。実際、共感力が高い場合は、同調力も高ければ、「スーパーリーダー」（自己主張力まで高い、

三拍子揃ったタイプ）ないし「人望あるサブリーダー」（自己主張力は低い）となる。かりに同調力が低くても、自己主張力が高ければ、「栄光ある孤立」を保てる。

改善策

いじめが起こるについては、二つの和の影が影響力を発揮していた。そうではあるものの、ほとんどのいじめは、学校の側が加害者を断固罰する姿勢を示した時、劇的に減少する。加害者の多くは、合理的な判断の下でいじめを行っているのだ。こうした点を理解するなら、改善策を講じるのは、未だしも容易であるように思われる。「見て見ぬふりをする者も加害者」、「いじめっ子も被害者だ」、「心優しい子がいじめられる」、「いじめる奴はいじめる、いじめられる側が強くなるしかない」などの、いじめとかかわる妄言の類は、改善策を講じるヒントとなりにくい。

そこで、具体的な改善策だが、被害者自身が主観的にいじめと判断した場合については、省略する（「第一項」を参照）。問題は、学校がいじめと判断した場合である。内容的には、四つの類型が考えられる。すなわち、

①子供たちの成長過程の中で当然に発生する軋轢《あつれき》（幼児のおもちゃの取り合いなど、幼稚園や小学校低学年で生じやすいタイプ）

②従来型コミュニケーション系いじめ（集団での無視など、典型的ないじめ）
③犯罪型コミュニケーション系いじめ（携帯メールなどを利用した、執拗悪質な嫌がらせ）
④暴力・恐喝系いじめ（リンチなどの校内犯罪）

発生件数としては、「①、②、③並びに④」の順である。

これらのうち、学校が対処可能なのは、「非犯罪型」の②のみである。一方で、被害者保護のため、加害者の出席停止を毅然として教育委員会に申請する。教育委員会がこれに合意しない場合は、例えば加害者を別室に移して授業する。いま一方で、加害者処罰のため、さまざまな教育的指導（反省文、奉仕活動、学校活動の一部停止）を行う。これに対し、「犯罪型」の③や④は、警察および司法に委ねるべき対象だ。加えて、学校としても強制転校の措置を取るべきだ。なお、①については、②に移行しないよう見守りながら、子供たちの自主的解決に任せるしかない。

ただし、②の場合でも、被害者に「原因」（引き起こす元）と「責任」（負うべき責め）のいずれかが存在するのか、見極める必要はある。原因も責任もない場合というのは、「たまたま病的加害者の隣の席だった」など、ごく稀である。対処が難しいのは、人の物を盗んだとかクラス内の義務を果たさないなど、被害者にもいじめられる責任がある場合だ。原則は「たとえ被害者に責任があっても、いじめは許されない」とすべきだが、教師の裁量によって一定期間見守ることは許されよう。一方、被害者に責任のない場合は、たとえ原因があったとしても、素早い対処が望まれる。もっとも、原因となりそうな事柄は、完全な言い掛かり（「生真面目」や「ガリ勉強」など）から子供の世界では真っ当な理由（「動作が気持ち悪い」や「自己中心的な性格」など）まで、実に多種多様であるのだ。

パワハラ

パワーハラスメント、いわゆるパワハラは、大人の世界におけるいじめ・嫌がらせの類である。子供のいじめを扱った本節で、内藤忍（『日本における職場のいじめ・嫌がらせ、パワーハラスメントの現状と取り組み』労働政策フォーラム 平成二十五〈二〇一三〉年）などを参考に、ごく簡潔な要約を試みよう。

さて、このパワハラという用語、実は平成十四（二〇〇二）年に誕生した和製英語である。そうした経緯から、パワハラは、日本の専売特許と思われるかも知れない。だが、競争の激化などによる人員削減圧力を始めとして、パワハラを誘発する労働環境は世界中のどの会社にも存在する。ただし、子供のいじめがそうであるように、日本的な特徴はある。

会社で過去三年間にパワハラを受けたことがある人は、二十五％強に上る。その多くは上司の部下に対するもので、地位による上下関係が背景にある。しかし、古参社員の新入社員に対する、正規社員の非正規社員に対する、有能な後輩社員の先輩社員に対する、部下集団の気弱な上司に対するなど、地位以外のさまざまな上下関係もときには効いて来る。

経験したパワハラの内容としては、精神的な攻撃がもっとも多く、次いで過大な要求、人間関係からの切り離し、個人攻撃、過小な要求と続く。これらのうち、人間関係からの切り離しとは、隔離・仲間外し・無視をすること。また、過小な要求とは、能力や経験とかけ離れた程度の低い仕事を命じたり、仕事を与えなかったりすることである。

パワハラを経験する職場の、共通する特徴とは何か。残業が多く休みが取りにくい、上司と部下のコミュニケーションが少ない、失敗が許されないか失敗への許容度が低い。いかにも日本的な職場の特徴、ではないか。

そして、パワハラは、どのようなマイナスの結果をもたらすのか。パワハラを受けている社員は、そうでない社員と比べ、労働生産性が落ちる。ストレスが四倍〜五倍、ＰＴＳＤの発症リスクが八倍に達する。ちなみに、ＰＴＳＤ（post traumatic stress disorder〈心的外傷後ストレス障害〉）とは、強烈なショック体験や強い心理的ストレスが、心にダメージを与える。そのため、時間が経っても、そうした経験に対して強い恐怖を感じるものである。突然に怖い体験を思い出す、不安や緊張が続く、眩暈《めまい》や頭痛が起こる、眠れない、などの症状が見られる。これらの症状が数カ月も続くときは、ＰＴＳＤを疑った方がよい。

第三節　ひきこもり

発生件数

関東自立就労支援センターが扱っている、いじめがひきこもりの引き金になったと思われる相談事例（平成三十〈二〇一八〉年八月二十日付ＨＰ）。十年以上前から相談に訪れている、現在四十二歳の男性である。小学校の時からいじめに遭って不登校となり、中学・高校でもいじめを受けた。学校に行かなかったため、父親には「いくじがない」と罵倒され、暴力もたびたび振るわれた。そんな時、母親はただオロオロするだけであった。父親は会社人間で、家庭の中では存在感が希薄である。高齢の母親が、日常生活の世話をしてくれている。現在は、ほとんどの時間、家の中で自室にひきこもっている。一日中、カーテンも雨戸も閉め切り、ベッドで横になってボーッとしている。相談中はささやくような声で、「毎日辛いです」、「もう生きていても意味がない」などと話す。しかし、話をしているうちに、だんだん元気のよい声になり、ＴＶやネットで得た社会情勢や時事問題について、語り始めたりする。現状を何とかして行こうという思いは、あまりない。社会に出ていく意思はない。むしろ、より安全な状況を維持し続けられたら、と望んでいる。人間関係で傷つく危険から身を守るために、ひきこもっているように思える。

過労死と並んで、この何とも日本的な見過ごせない苦難。何が苦難かといえば、本人もさることながら、かかわる家族も生半可ではない苦しみを味わわされるという点だ。斉藤環の『ひきこもりの心理状態への理解と対応』（内閣府『ひきこもり支援者読本　第1部第1章』）や『「ひきこもり」救出マニュアル〈理論編〉』（ちくま文庫）、および、齊藤万比古他『ひきこもりの評価・支援に関するガイドライン』（厚生労働科学研究費補助金こころの健康科学研究事業　H19-こころ-一般-010）などを、参考にしよう。

まずは、定義である。ひきこもりとは、不登校や就労の失敗をきっかけに何年もの間、自宅に閉じこもり続ける青少年の状態像を指す言葉。診断名ではなく状態像であり、幾つかの定義がある。それらに共通するのは、①六カ月以上社会参加していない、②非精神病性の現象である、および、③外出していても対人関係がない、の三点である。

発生件数として現時点でもっとも信頼性が高いのは、世界精神保健（WMH）調査の一環として二十歳以上を対象に行われた、川上憲人他『こころの健康についての疫学調査に関する研究』（平成十六〈二〇〇四〉年度～平成十九〈二〇〇七〉年度）である。ただし、二十歳未満については、問題のデリケートさから調査が差し控えられた。それによると、ひきこもりの平均開始年齢は二十二・三歳で、生涯有病率（生涯に一度はひきこもりを経験するであろう人の割合）は一・二％、また調査時点でひきこもり状態にある子どもを持つ世帯は〇・五％、二十歳代が三十歳代～四十歳代より多く、また男性に多い。

実数の報告として、NHK福祉ネットワークが「全国引きこもりKHJ親の会」の推計に依拠して挙げているのは、信頼性にいささか問題があるとしても、平成十七（二〇〇五）年度の引きこもりが百六十万人以上、稀に外出する程度のケースまで含めると三百万人以上。一方、内閣府の推計によれば、平成二十二（二〇一〇）年度の引きこもりが約七十万人、引きこもり傾向のある者まで含めると約二百二十万人に達するという。

原因

図表2に示されるごとく、ひきこもりを生み出すのに影響力を発揮する和の影および退嬰化は、次の二つ。すなわち、「和の影③＝減点法のリスク回避傾向」（○）、および、「退嬰化＝国家の正当性と士気の喪失」（○）である。和の影と退嬰化の両方を引きずっており、平成の衰退マインドが反映されている。

思春期（十歳～十八歳くらい）の発達課題、その主たるものは「両親（とりわけ母親）からの分離」、および、「自分探し、自分作り」である。思春期の前半（十歳～十四歳くらい）の年代は、親（特に母親）から心理的に距離を置こうと、同性の仲間へと接近し、その活動に没頭する。その後半（十四歳～十八歳くらい）の年代では、本当の自分を確立し、社会と渡り合う能力を身につけようと、信頼できる友人を求めると同時に、自己という感覚に過敏となる。そう考えると、思春期の発達課題は、洋の東西を問わずなかなかにハードルが高い。挫折を味わうことも、しばしばであろう。その結果、日本人の場合は、時として挫折からひきこもりに至るのだと思われる。

どうして、そのような仕儀と相成るのか。両親（とりわけ母親）からの分離といっても、また、自分探し・自分作りといっても、日本人の自立は親孝行モデルである。ちなみに、ここで言うモデルとは、模範（あるべき姿）といった意味を有する。最近では崩れつつあるが、それでも親の面倒を見れるようになって一人前、と考える風潮がある。子供は親と同居のまま自立し、親子の間で互いに甘え合うのが一つの理想とされる。

そこで、親孝行モデルの実現を暗に期待されて、プレッシャーの掛かりがちな子供（とくに、男の子）は、学校や社会という現場で挫折したら、甘え合いの許される家の中へ逃げ込むことになりやすい。そうした時、母と子の結び付きが強くて、父親の影が薄い日本的な家の中では、逃げ込んで来た子供に再び現場と直面するよう促すのが難しい。おまけに、高度成長期を生きた親には、子を養うだけの経済的な余裕もある。こうして、日本のとくに男子で、ひきこもりは発生しやすいのだと思われる。

ちなみに、西洋人の自立は、親孝行モデルを目指さない。家出モデルが理想である。個人の自立が自明の前提とされる以上、そうならざるを得ない。その結果、すべての若者が羽ばたけるというのなら、素晴らしいことだ。だが、若年ホームレス人口の増加に象徴されるごとく、このモデルならではの限界も露呈されている。

日本の男子に発生しやすいひきこもりは、思春期の発達課題と親孝行モデルをキーワードとし、このように説明できるのかも知れない。だが、本書の文脈からすれば、和とは仲間同士での緊張が高まらないことを最優先した精神。つまり、仲間同士を前提とした精神の在り方なのだから、たとえ和の影並びにその触媒作用が強く及ぶ退嬰化を以てしても、仲間同士を拒絶するひきこもりは、解釈が容易でないと思える。

それを承知であえて解釈すれば、一つには、「和の影③＝減点法のリスク回避」（○）。すでに述べたごとく、安定期の日本人は、未知であることに対する不安が高く、できる限り予測可能な状態を整えるために、不確実なことやリスクを極力排除する。また、どんな場合でも、他人から非難される可能性があることを避けようとする。こうした傾向が日本人にある以上、それのとくに強い青少年は、ひきこもりを起こしやすいのかも知れない。ふとした切っ掛けで、学校や会社に行けなくなるのかも知れない。ちなみに、ひきこもりが注目を集めるようになったのは平成に入った一九九〇年代、つまり、安定期末の日本においてである。

いま一つには、「退嬰化＝国家の正当性と士気の喪失」（○）。戦後の日本人は、凛として立つ気概を失ってしまった（関連する議論は、「第五章／第三節／第二項」を参照）。そんな大人の背中を見て育った子供たちが、自身も退嬰化の風潮に染まっている中、蛮勇を振るって社会へ立ち向かうのは必ずしも容易であるまい。それかあらぬか、結婚相手には何よりも「優しさ」を求め、ゆるキャラの「ふなっしー」などが人気を集める。それが、現代日本の世相というものだ。

改善策

ひきこもりが起こるについては、和の影の一つと退嬰化が、影響力を発揮していたと思われる。これに、本節でも述べるような理由（いわば、自分無くし）が加わる。そのため、ひきこもりの改善策は、始まってから時間が経過するほど、講じるのがますます難しくなるのかも知れない。

さて、ひきこもり自体は、必ずしも治療の対象ではない。ただし、発達障害や統合失調症などが潜在している場合や、長期のひきこもりで二次的に精神症状や問題行動を発症している場合が少なくない。いずれの場合であれ、精神科医療に限定されはしないものの、第三者による支援はほぼ必須と考えた方がよい。ちなみに、発達障害とは、注意力に欠け、落ち着きがなく、ときに衝動的な行動をとる注意欠陥・多動性障害（ＡＤＨＤ）や、読み書き計算などの習得に難がある学習障害などを含めた、総称である。

支援の内容であるが、以下のように、三つの側面から捉えると理解しやすいかも知れない。

すなわち、「①特異的支援＝背景にある精神障害（発達障害やパーソナリティ障害なども含む）への支援」、「②環境条件の改善＝家族を含むストレスの強い環境の修正や、支援機関の掘り起こしなど」、および、「③第二の個体化＝ひきこもりが意味する、思春期の自立過程で起こった挫折に対する支援」。ちなみに、第二の個体化という表現には、幼児期の分離－個体化過程の再現、という意味が含まれている。

さて、特異的支援によって背景にある精神障害の治療が進み、環境的条件の改善によってストレスは軽減され、支援機関も見つかったとしよう。しかし、それでも当事者はなかなか動かない。思春期の自立過程で生じた挫折体験が深い傷となって、当事者をひきこもりへ退行させている。その傷を克服するための作業は、手をつけるのが難しいためだ。つまり、②までは辿り着けたとしても、③へ進むのが難しい。その結果、家族内の人間関係へしがみつくようになり、万能的な自己中心性が強まって、ひきこもりはますます強固なものになってしまう。この悪循環は、容易なことで止まらない。こうして、ひきこもりの多くは、一向に改善しないという事態に陥りやすい。

畢竟、自分を知るためには、他人による承認が欠かせない。ひきこもりは、その回路を経ない自分探しに終始しがちであるから、どうしても自分無くしの迷宮へと迷い込む。

第四章

近未来に迫り来る二種類の深刻この上ない苦難と改善策

第一節　巨大地震による日本沈没

再び平成の衰退マインド

本章で論じるのは、近未来に迫り来る二種類の深刻この上ない苦難（巨大地震による日本沈没、中国への隷属）と、それらの改善策である。

以下で順次述べるごとく、これらの深刻この上ない苦難は、「和の影&退嬰化」の両者が改善策の実施を困難にしている。平成の衰退マインドが災いして、にっちもさっちも行かなくなりつつある。このマインドが令和へ引き継がれている以上、一向に埒が明きそうにない。それどころか、時間切れへ向かって、事態はいっそう悪化しつつある。埒を明けるためには、「平成の衰退マインドは捨て去れ！」が、正真正銘に正しい。何せ、公共政策に反映させ得るのだから。明治の「富国強兵」を再び旗印にして、成長マインドへ切り替える時だ。

基本事項の確認

あらかじめ断っておけば、「日本沈没」は、小松左京によって同名のSF小説（カッパ・ノベルズ）が昭和四十八（一九七三）年に発表されたことで、一躍有名になった言葉である。同年は、関東大震災から五十年の節目ということもあり、このSF小説は、巨大地震による大規模災害への不安を喚起させる切っ掛けとなった。

さて、日本は世界に冠たる地震大国である。アメリカ地質調査所によれば、年間平均地震発生回数（ただし、マグニチュード二以上）は約百四十四万件であり、そのうちの約十％が日本周辺に集中している。マグニチュード六以上と限れば、その値は約二十％にまで跳ね上がる。国土面積は、世界総陸地の〇・二五％に過ぎないから、恐るべき高頻度である。

そこで、先ずは基本的事項の確認から始めよう。マグニチュード（magnitude〈M〉）とは、地震の発するエネルギーを対数で表したものである。数式は省略するが、Mが一増えればエネルギーは約三十二倍となる。こうして、M四とM六では、約千（＝三十二×三十二）倍もエネルギーが違うのだ。

一方、震度とは、地震動（地面の揺れ動き）の強さを表す尺度である。例えば、震度四の中震なら「家屋の動きが激しい。器内の水はあふれ出る。歩いている人にも感じ、多くの人が戸外に飛び出す」といった具合だ。ただし、最近は震度計で観測された計測値を基に、客観的な数値として発表されるようになった。当然ながら、震源でのマグニチュードが同じでも、震源からの距離や地震波の伝わって来る地層の違いなどによって、震度は大きく異なる。

ついでながら、いま一つ。地震と震災は、区別する必要がある。地震とは、震災の誘因としての自然現象である。一方、震災とは、地震によって引き起こされる人間社会の被害現象である。例えば、平成二十三（二〇一一）年三月十一日午後二時四十六分に、宮城県沖で発生したのは、東北地方太平洋沖地震という自然現象である。それを誘因として発生したのが、東日本大震災という被害現象である。

地震の三類型

何故に、日本は地震大国なのか。図表4にあるごとく、日本を乗せた二枚の大陸プレート（ユーラシアプレート、北米プレート）へ、二枚の海洋プレート（太平洋プレート、フィリピン海プレート）が押し寄せ、都合四枚のプレートが日本付近でつばぜり合いをするからだ。深尾良夫（『地震・プレート・陸と海』岩波ジュニア新書）や佐藤比呂志（『巨大地震はなぜ連鎖するのか』NHK出版新書）などを、参考にしよう。

押し寄せて来る側の、海洋プレートが問題だ。その一つが太平洋プレートで、南太平洋の海中山脈である中央海嶺が湧き出し口だ。地殻の下に存在する上部マントルの深い所から、比較的柔らかい物質が押し上げられて湧き出し、海底を両裾へと広がって行く。湧き出した物質は、年に約八センチのスピードで、ベルトコンベアのように押し出されて行く。

これに対して、フィリピン海プレートは、太平洋北西部のフィリピン海を主な領域とし、

図表4 大陸プレート（ユーラシアプレート、北米プレート）
と海洋プレート（太平洋プレート、フィリピン海プレート）
の交差点に位置する日本

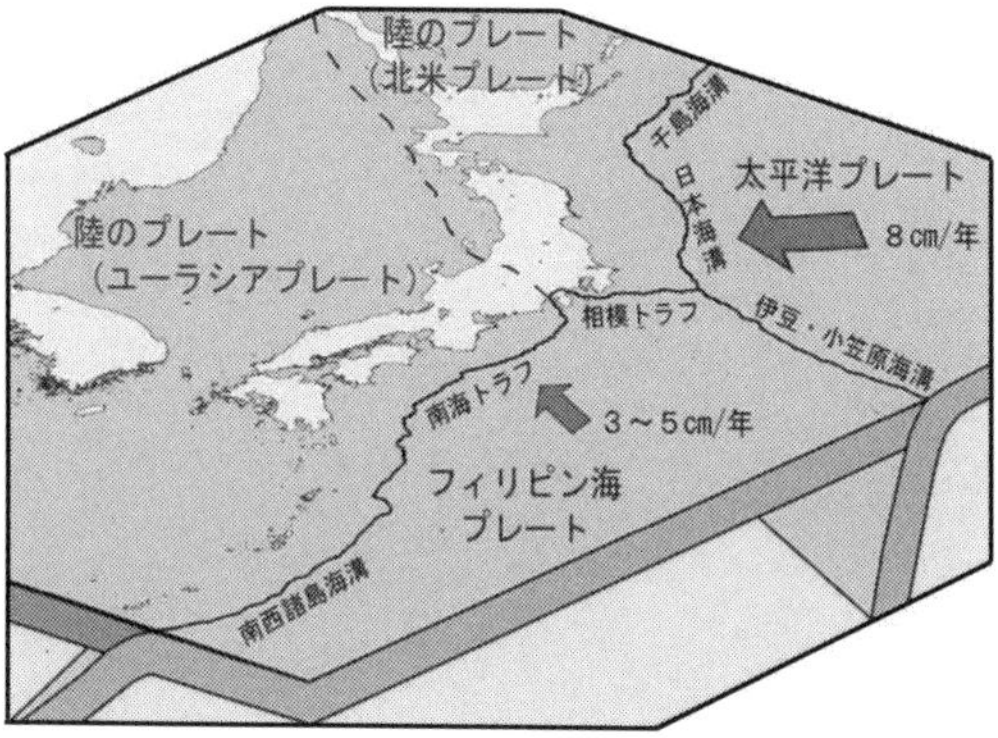

（日本列島のプレート図／気象庁の画像より）

年に三センチ～五センチのスピードで、西日本へと迫って来る。伊豆半島は、直接このプレートに乗っている。だが、プレートの湧き出し口がそもそもあるのか、あるとすればどこなのか、といったことは分かっていない。

重要なことに、海洋プレートは、大陸プレートよりも強固で密度が高い。そのため、大陸プレートの下に潜り込んで行く。その潜り込む場所では、大陸プレートが引きずり込まれるため、海洋底が特別に深くなっている。図表中に示すごとく、太平洋プレートが北米プレートに潜り込む場所では、日本海溝が生じた。南北約八百キロの長大な海溝で、三陸・常磐海岸あたりでは約二百キロ沖を走る。一番深い所は、八千四百メートル余に達する。

これに対し、フィリピン海プレートがユーラシアプレートに潜り込む場所では、南海トラフが生じた。海洋底が深くなっているものの、海溝ほどではないため、こう呼ばれる。沖合約百キロの海底にある全長約七百キロの溝状地形で、四千メートル程度の深さを有する。同じく、フィリピン海プレートが北米プレートに潜り込む場所では、相模トラフが生じた。比較的小規模に見えながら、次項で述べる首都直下地震と関係が深いため特筆大書に値する。

日本の場合、地震は三類型に分類できる。大陸プレートと海洋プレートがつばぜり合いを繰り広げる、潜り込み始めの境界で起これば、巨大な海溝型地震となる。両プレートがこすれ合って、ひずみがたまっていくためだ。海洋プレートの引きずり込む力で押し曲げられて出来た、大陸プレート側の数センチ～数百キロに及ぶひび割れ、つまりは断層（その多くは、活断層）で起これば、内陸の直下型地震となる。海洋プレートが地下深くへ潜り込む過程で出来た、海洋プレート側の断層で起これば、深発型地震となる。後二者は、いずれも断層を境とする両側の地盤にひずみが加わわるためだ。

ちなみに、三類型のいずれにおいてであれ、地震によって一旦はひずみが解放されても、再びひずみは溜まって行くから、ほぼ一定の間隔で地震が起こり続けることになる。なお、活断層とは、地上から観察可能な断層のうち、年代的に比較的新しく（百七十万年前～）、繰り返し地震を起こしているものを指す。国がまとめた地震の長期評価では、百十の活断層が取り上げられている。

注意すべきは、海溝型地震で発生する津波。地震で大陸プレートが跳ね上がると、それに応じて海面が上昇する。そこで発生した縦波は、ジェット機並みの速さで海面を移動する。海岸へ近づくにつれ、自動車並みまで速さは落ちるが、水深が浅くなるにつれて高さを増すのだ。海岸からの距離や地形によって、津波の浸水する深さは異なる。陸上での浸水深であり、三十センチと二メートルが目安となる（山岡耕春『南海トラフ地震』岩波新書）。これらのうち、三十センチとは、人が流される危険性のある深さだ。津波が流れを伴う以上、摑《つか》まるものがない場合は膝下でも危ない。一方、二メートルとは、木造の住宅が被害を受ける目安である。鉄筋コンクリートと比べて浮力が働きやすいため、津波で流される恐れ大だ。

典型的な例で示そう。自然現象として見れば、東北地方太平洋沖地震。国内観測史上最大のM九（二十世紀以降に起きた地震の中では世界第四位）、震源域は青森県沖から千葉県沖までと広範囲（南北四百キロ×東西二百キロ）、震源の深さは十キロ、宮城県栗原町で震度七を記録した。津波は、仙台市の場合で推定十メートルを超え、海岸線から約二キロの地点にまで達した。この地震を被害現象として見れば、東日本大震災。死者・行方不明者は二万千九百三十五人（犠牲者の九十％以上が、津波による溺死）、全壊・焼失した家屋は十三万棟、被害総額は十六兆九千億円を記録した。

東北地方太平洋沖地震は、大陸プレート（北米プレート）と海洋プレート（太平洋プレート）がつばぜり合いを繰り広げる、潜り込み始めの境界で起こった典型的な海溝型地震といえる。国土地理院のGPS衛星を用いた地殻変動監視データによれば、東日本全体が大きく東に動いて、ひずみは開放された。最大の動きを記録した宮城県の牡鹿半島では、五・三メートル東南東に水平移動している。太平洋プレートの北米プレートに対する潜り込みは一年で約八センチであるから、単純計算しても約七十年間分の貯まったひずみが、一挙に解放されたわけだ。

首都直下地震の発生確率

平田直（『首都直下地震』岩波新書）などを、参考にしよう。首都圏とは、東京を中心とする百五十キロメートル四方の範囲である。東京都、および、その周辺の埼玉・千葉・神奈川・茨城・栃木・群馬・山梨各県の区域を一体とした広域を指す。そう理解した上で、首都直下地震とは、首都圏の地下で発生し、首都機能や国民の生命・身体・財産に直接大きな損害を与え得る地震のことである。地震学の用語ではなく、内閣府が司る防災行政上の必要から一括りにされた、地震類型の総称である。

首都直下地震は、「M七クラスの地震が百年間に五回程度」と見積もられている。相模トラフ由来の、海溝型地震・直下型地震・深発型地震と概ね一致する。

海溝型地震としては、M七・九の一九二三（大正十二）年関東地震、いわゆる関東大震災が有名だ。陸地側は最大で六メートル〜十メートル動いた。フィリピン海プレートの潜り込み速度を年に約五センチとすれば、二百年分のひずが一気に解放された計算となる。ただし、このタイプは、発生すれば大震災につながる危険性が多分にあるものの、今後三十年以内の発生確率は五％以内と極めて低い。

一方、直下型地震は、多くが陸域の活断層によって発生する。海溝型地震と比べればマグニチュードは概して小さいものの、生活の場である内陸部で発生するため、しばしば大きな被害をもたらす。首都圏全体で見ると、今後三十年以内にM六・八以上の直下型地震が起こる確率は、五十％〜六十％と評価されている。そして、深発型地震である。湾岸地帯に被害の出やすいのが、大きな特徴である。今後三十年以内にM七程度が起こる確率は、約七十％と評価されている。

想定される被害

内閣府の中央防災会議は、平成二十五（二〇一三）年に、首都直下地震（大田区付近直下でM七・三、などを想定した場合）とかかわる新たな被害想定を公表した。

それによれば、死者は最大で二万三千人（その七十％が火災による）。全壊・焼失する建物は六十一万棟（少なめの想定だが、建物の堅牢化が進んでいるため）、家庭や事業所における断水・停電は約五十％、電力供給は半減かつ不安定な状態が一週間以上継続、使えなくなる下水道は十%と想定される。主要道路は一日～二日不通となり、二十三区内の一般道も数日間麻痺するとともに、激しい渋滞が数週間継続。地下鉄は一週間、そしてJR在来線と私鉄は一カ月ほど運行停止。携帯電話や固定電話による地震発生当日の音声通話はほぼ不可能、電子メールは遅配が生じる。

これらの被害想定による直接・間接の経済損失は、九十五兆円を超えると見積もられる。その約半分は、被災地での資産などに対する直接的被害であり、残り半分は、生産やサービスが低下することによる全国の経済活動への影響である。その他にも、道路が六カ月間機能停止すれば約五兆六千億円、鉄道が六カ月間停止すれば約二兆一千億円、港湾が一年間機能停止すれば約四兆五千億円、と経済損失は上積みされる。

ただし、このように経済損失を見積もるとして、不確実性は残る。復興関連市場、とくに建設業での供給が需要に追いつけるのか。建設業の従業者数は、ピーク時の平成七（一九九五）年が六百六十三万人であったのに対し、平成二十四（二〇一二）年には四百十四万人と、約六十%にまで落ち込んでいる。並行して、住宅着工数も約百四十六万戸から八十八万戸へと、やはり六十%あたりにまで低下している。東京都の場合、平成二十六（二〇一四）年の住宅着工数は約十四万戸であったが、首都直下地震で想定される応急住宅は約百六十二万戸であり、十%にも満たない。こうして、生産力が追いつかないとなれば、物価は上昇し、速やかに住宅やインフラ・企業設備などを回復させられなくなる恐れ大である。

そうした中、グローバル企業が東京に見切りをつけ、海外に拠点を移すことにでもなれば、国内から資金が流出する。その結果、復興投資は減少し、社会基盤の復旧が遅れ、物価は確実に上昇し、住宅再建価格が高騰する。被災者の生活再建は、極めて困難になろう。

日本土木学会（平成三十〈二〇一八〉年六月七日）は、平成七（一九九五）年一月十七日に発生した兵庫県南部地震（いわゆる阪神淡路大震災）に倣って、完全復旧までに二十年を要すると仮定する。その間の人口や生産拠点の流出など、長期的な影響も考慮した最悪の場合で、首都直下地震の見積もりを出し直している。それによると、被害総額は推計七百七十八兆円（国の一般会計予算の約八倍）と、はるかに膨大なものとなる。

まことに以て、日本沈没となりかねない数字であり、長期的に国民の生活水準を低迷させること必定である。東アジアにおける小国、果ては最貧国の一つになったとして、不思議はない。ただし、道路や港・堤防の耐震化などを進めることで、首都直下地震では被害額の三十二％（二百四十七兆円）を軽減できるとされる。巨大地震による日本沈没を防ぐための改善策については、次節で述べよう。

南海トラフ地震の発生確率

山岡耕春（『南海トラフ地震』岩波新書）などを、参考にしよう。南海トラフとは、伊豆半島付け根の駿河湾から宮崎県東部沖合の日向灘付近にかけて、西日本の広い範囲で認められる地形の緩やかな細長い海底窪みのことである。すでに述べたごとく、フィリピン海プレートは、この細長い窪みにおいてユーラシアプレートの下に潜り込んでいる。そして、南海トラフ地震とは、文字通り南海トラフ沿いが震源域の海溝型地震を指す。首都直下地震のように、直下型（や深発型）を重視した概念でない点は、注意を要する。

過去に発生した南海トラフ地震は、紀伊半島南端の潮岬を境にして、その東側（東海および東南海）と西側（南海）で別々に発生しているものが多い。潮岬付近におけるフィリピン海プレートの形状（潜り込みの角度）の違いが、関係しているらしい。しかし、別々に発生するとはいえ、時間的に接近して発生することも分かっている。つまりは、連動型地震となる危険性が大である。そうした巨大さの故に、海溝型地震という側面が強調されるのだ。

発生の時間間隔は約九十年〜百五十年といわれるが、約二百年という見方もある。重要なことに、規模の大きい南海トラフ地震が起きると、次回までの時間間隔は長くなる傾向が認められる。その点、直前回はもっとも規模の小さい部類であった。実際、終戦を挟んだ二年間隔の連動型（M七・九およびM八）で、死者は合わせて二千五百名余り、被害の大半は津波によるものであった。したがって、次の地震まで間隔は短いと考えられるのであり、今後三十年以内の発生確率は八十％程度という高い数字が出て来る。

想定される被害

南海トラフ地震の場合は、あらゆる可能性を考慮した最大クラスの巨大な地震・津波が検討されている。現実的な想定の下で弾き出された、首都直下地震の被害額とは対照的だ。後者の場合は、令和二（二〇二〇）年の東京オリンピックへ向けて、国際的な不安を掻き立てたくないとの魂胆が透けて見えると批判される所以《ゆえん》だ。

そこで、有識者会議が平成二十四（二〇一二）年に公表した「南海トラフ地震の被害想定」（朝日新聞DIGITAL）。各府県別の詳細なものだが、ここでは総括の部分のみを紹介する。それによれば、最悪の推定として、死者は三十二万三千人、負傷者は六十二万三千人、全壊・焼失建物は二百三十八万六千棟、脱出困難者は三十一万千人、浸水面積は千十五平方キロメートルに及ぶ。建物被害や断水などで非難する人数は一カ月後でも八百八十万人、水道管や浄水場の被災などで断水する人数は同じく四百六十万人に上る。その他、下水道・電気・都市ガスなど、使用困難な状況は長期に及ぶ。一年後も、災害廃棄物の処理は終わっていない。これらの被害想定による直接・間接の経済損失は、累計二百二十兆円に達すると見積もられている。

首都直下地震と同様に、日本土木学会の二十年後を見据えた長期的見積もりを採用してみよう。何とも恐ろしいことだが、千四百十兆円（国の一般会計予算の約十四倍）という、途方もない数字が弾き出される。まさしく、日本沈没だ。ただし、耐震化などを進めることで、こちらの方は被害額の三十六％（五百九兆円）を軽減できるともいわれる（詳しくは、次節を参照）。

第二節　改善策としての国土強靭化

容易には実現しにくい改善策

巨大地震による日本沈没は、国土強靭化改善策が不発に終わった時、かなりの現実味を帯びて来る。むろん、その下支えとなる「プライマリーバランス（ＰＢ）黒字化目標の見直し」（「第五章／第二節」を参照）が行われないようでは、どうにもなりようがない。

その下支え策が行われるかどうかも含めて、この改善策を不発に終わらせる和の影および退嬰化は、図表２に示されるごとく次の四つ。すなわち、「和の影②＝世間益による国益の食い破り」（◎）、「和の影④＝過剰適応による自己喪失」（○）、「言霊の影＝リアリズム欠如の思考停止」（○）、および、「退嬰化＝国家の正当性と士気の喪失」（○）である。

影響力がもっとも大きい「和の影②＝世間益による国益の食い破り」（◎）、および、比較的小さいものの「和の影④＝過剰適応による自己喪失」（○）は、いずれも財務省が掲げるＰＢ黒字化目標の背後に存在する（後に改めて述べる）。かの省こそ、問題の元凶ともいえるのだが、それを掣肘できない政治家も同罪だ。

残りの二つであるが、巨大地震の襲来は、いささか長期のスパンで見れば百％の確率である。にもかかわらず、国民（その代表は、マスメディアのはずだが）は政治家や財務省に物申さず、淡白に構えている。災害大国日本の歴史を受け入れ、諦観しているともいえるが、「言霊の影＝リアリズム欠如の思考停止」（○）と言われても仕方あるまい。おまけに、自国の将来など無関心とも見え、「退嬰化＝国家の正当性と士気の喪失」（○）は相当に根が深いのだと思える。

これら和の影等および退嬰化を勘案すれば、つまりは、平成の衰退マインドに思いを致せば、国土強靭化は容易には実現しにくい改善策だと言わざるを得ない。

レジリエンス

国土強靭化とは、致命的な被害を負わない「強さ」と速やかに回復する「しなやかさ」を併せ持った、国土・地域・経済社会の実現を目指すこと。英語で言えば「レジリエンス」（resilience〈強靭さ〉）、すなわち「変化に対処する能力」こそ重要、ということになる。

日本は、地震・津波、台風・集中豪雨・土石流、火山噴火など、いつ自然災害に襲われるか分からない国である。そのたびに、多くの尊い人命が失われ、社会は巨大な損失を被って来た。このような繰り返しを避けるためには、初めから自然災害などによる最悪の事態を考慮して、国土政策・産業政策も含めた総合的な対応を採ること。それも、時間をかけてやり抜くことが求められる。

本章では、藤井聡（『救国のレジリエンス』講談社）などを、参考にしよう。その藤井が譬えるのに、丸太ん棒は強いが、しなやかではない。かなりの力を加えてもびくともしないが、それ以上の力を加えるとポキッと折れてしまう。これに対し、柳の木は強く、しなやかだ。どんなに強い風が吹いても折れないし、風に合わせて姿形を自在に変える。

究極の二択問題

東北地方太平洋沖地震（いわゆる東日本大震災）と関連して、想起すべき重要な点が一つある。このクラスの巨大地震は、過去に四回、東日本側で起こっている。すなわち、八六九年の貞観地震（M八・三〜M八・六）、一六一一年の慶長三陸地震（M八・一）、明治三陸地震（M八・二〜M八・五）、および、昭和三陸地震（M八・二〜M八・五）である。

興味深いことだが、その後十年以内に必ず首都直下地震が、また、二十年以内に四例中三例で南海トラフ地震が起こっているのである。つまり、東日本大震災が起こってしまった現在、首都直下地震および南海トラフ地震という巨大地震の連動は、十分過ぎるほどに起こり得ることとなのだ（藤井聡監修『国土強靱化』東亜総研）。したがって、本節の議論は、さほど時間差なく二つの巨大地震が連動することを、念頭に置いたものとなる。

すでに述べたところだが、首都直下地震の場合、直接・間接の経済損失は九十五兆円を超えると見積もられる。そして、二十年後の完全復旧までを見通せば、何と七百七十八兆円（国の一般会計予算の約八倍）にも達すると推計されている。同様の数字を南海トラフ地震の場合で弾き出せば、二百二十兆円と千四百十兆円（国の一般会計予算の約十四倍）という信じ難い数字だ。

国土強靭化を見送る中で、このままデフレが続き、日本のGDPが三百五十兆円の時に、二つの巨大地震が連動すれば、一体どうなるのか。直接・間接の経済損失だけでも約三百二十兆円（＝九十五兆円＋二百二十兆円）、完全復旧までなら約二千二百兆円（＝七百七十八兆円＋千四百十兆円）という、対GDP比で見れば凄まじい被害となるわけだ。その時、日本の国債が売られ、国家的財政破綻（デフォルト）の危機に瀕する可能性は、決して低くないと見てよいであろう。長期的に国民の生活水準が低迷すること必定であり、東アジアの小国ないし最貧国の一つにならないとも限らない。まさに、日本沈没である。

一方、次節で縷々述べるような、国土強靭化を断行した場合、どうなるのか。政府の財政支出（一般会計予算とは別に、十年間で百兆円〜二百兆円）によってインフレ方向へ転じ、GDPは七百兆円〜八百兆円規模にまで拡大している可能性がある。その時点で発災したとして、直接・間接の経済損失約三百二十兆円は、何とか吸収できそうだ。一方、長期的被害総額は約二千二百兆円に上ると見込まれるが、前節で述べたごとく、国土強靭によって約七百六十兆円（＝二百四十七兆円＋五百九兆円）ほど減災される。つまり、約三十五％（＝約七百六十兆円／約二千二百兆円）の減災である。残りの約千四百四十兆円は、ＧＤＰの規模が拡大した中でなら、二十年という歳月の中で、これまた何とか消化できそうだ。ただし、一般会計予算と別枠の膨大な財政支出は、適切な財政金融政策によって誘導されなければ、国家的財政破綻の危機を招く恐れなしとしない。それは自覚せねばならないが、政治家とキャリア官僚が覚悟して事に当たれば、その程度の波立ちなら御することができるはずだ。

以上を総じて、究極の二択問題は、次のように要約できる。すなわち、「国土強靭化を見送った場合＝巨大地震の襲来→国家的財政破綻の恐れ大→日本沈没の恐れ大（東アジアの小国ないし最貧国に転落）」。一方、「国土強靭化を断行した場合＝巨大地震の襲来→国家的財政破綻の恐れ小→日本沈没の恐れ小（東アジアの大国のまま）」。仮に後者が裏目に出て、日本沈没に至ったとしても、成し遂げられた国土強靭化は遺産として残る。それに、政府が破綻したアルゼンチンやギリシャの例を見ても、国民はそれなりに生き延びるものだ。筆者なら、この究極の二択問題、是非とも国土強靭化を断行する方に賭けてみたい。

国土強靭化の中身

東京－名古屋－大阪。巨大地震の連動は、この三大都市圏を直撃する。困ったことに、三大都市圏の人口は日本全体の約六十％、ＧＤＰは約七十％（約三百五十兆円）と、世界に例を見ない極端な集中現象が起きている。保険会社スイス・リーの評価（平成二十六〈二〇一四〉年）によれば、危険性の高い都市ランキングは東京・横浜が世界一位、大阪が四位、名古屋が六位。ワーストテンに三都市が入る、という惨状だ。

極端に過密化した三大都市圏で自然災害が発生したとき、過疎化した地方は、これを支え切れない。これを逆から言えば、自然災害大国の日本には、分散型社会こそが相応しいのである。それでは、現状でどのような対策が打てるのか。①三大都市圏における対策、②国土構造の分散化へ向けた対策、および、③その他の対策、に分けて考えることができる。その予算規模は、総額で百兆円～二百兆円（そのうち、東日本大震災からの復興関係予算が三十兆円～六十兆円）程度。これを十年で行うとして、単年度では十兆円～二十兆円（同じく、三兆円～六兆円）程度、ということになる。

先ずは、①三大都市圏における対策。その基本は、東西交流路の確保、および、耐震強化と津波対策（老朽化対策を含めた）である。とくに、前者については、こちらがダメでもあちらが使えるといった、冗長性（余分や重複がある状態）の確保も考慮しなければならない。

そこで、東西交流路の確保。例えば、東京－大阪間のリニア中央新幹線の整備（十兆円）。東海道新幹線は、文字通り日本の大動脈である。巨大地震が発生して、何カ月間も不通になれば、数十兆円規模のダメージを受ける恐れなしとしない。それを思えば、冗長性の確保も含めて、十兆円の投資が高いはずはない。現在のところ、新大阪までの開通は令和二十七（二〇四五）年と見込まれているが、それでは間に合いそうもない。

また、耐震強化と津波対策。例えば、大阪への大津波は、沿岸から十五キロ離れたＪＲ大阪駅周辺にまで及ぶかも知れない。また、名古屋への大津波は、沿岸から十キロ程度の名古屋駅近辺にまで至るかも知れない。いずれの場合も、両都市は壊滅的な被害を受ける可能性がある。そうなれば、被害額は軽々と百兆円を超えると見積もられる。津波対策として、堤防の建設やかさ上げ（大阪に限れば、四兆円〜五兆円）が求められる。

次いで、②国土構造の分散化へ向けた対策。その基本は、一極集中の解消を目指す対策である。三大都市圏を始めとした太平洋ベルト地帯（南関東から北九州に至る連続的な工業先進地帯）の各種機能を、地震リスクの低い地域に分散化して行くことが求められる。

目玉政策の一つは、新幹線を中心とした鉄道整備（五兆円〜七兆円）。新幹線は、その速達性（ビジネスのスタイルを変えるほどの経済効果）だけが、売りでなのではない。地方の経済循環（駅を中心とした新たな街の形成）、建設事業そのものの効果（物資や労働力の需要が大幅に増加）、環境やエネルギー問題への利点（長距離移動時のマイカー利用の抑制）などから、きわめて有効性の高いインフラと考えられるのだ。

新幹線によって、さまざまな大都市とつながれば、発展の軌道に乗る。例えば、平成二十七（二〇一五）年三月に、北陸新幹線が金沢まで開通した。その際には、石川県の経済効果だけで六百七十八億円にも達し、新幹線を利用した観光客数が予想を上回った。東京とつながった今、後は京都・大阪とつながれば、北陸交流圏（新潟－富山－金沢を中心とした圏域）が形成される。

同様にして、北方交流圏（青森－函館－札幌－旭川を中心とした圏域）、中国四国交流圏（山陰－山陽－四国を結ぶ圏域）、および、九州交流圏（九州全域）が形成できる。過疎化著しい日本の地方が、四大交流圏へと再編成されて行くのだ。新幹線を中心とした鉄道整備にこれだけ力を注いでも、リニア中央新幹線（十兆円）より安上がり、という点に注目したい。

ただし、過剰な効率性の追求を放棄しなければ、こうした転換は実現が難しい。適度な効率性を求める姿勢こそが、有事に強靭さを発揮できるための鍵なのだ。その際、ＢＣＰの策定を通じて、また、移転促進のための税制優遇などで、後押しする必要はあろう。ここで、ＢＣＰ（business continuity plan）とは、巨大地震に襲われた後も工場や企業を継続させていくための、計画書を指す。

目玉政策のいま一つは、高速道路網の整備。注目すべきは、海岸沿いの道路によって発展して来た、西日本の太平洋沿岸の街々である。大津波でこれらの道路が破壊されれば、被災地への救援路が断たれる。内陸側には高速道路が作られておらず、内陸側から海岸部につながる道路も限られているためである。被災地への救援路の確保（数兆円）が、喫緊の課題である。ちなみに、高速道路は、その作り方を少し工夫すれば、実に頼もしいインフラとなる。大津波の時にも壊れない救援路になるばかりでなく、避難場所にもなり、盛り土そのものが堤防にすらなり得るのだ。

さらに、③その他の対策。その主たるものは、エネルギー関連の強靭化。自給率向上策や、原発耐震強化策が考えられる（十五兆円～三十兆円）。原発など個々の発電施設の耐震性を、最大限にまで高める必要がある。と同時に、電気のシステムが潰れたらガスというように、エネルギー供給システムを二重三重にする必要がある。これまた、冗長性の確保である。

とても重要なことだが、エネルギーは国家の生命線を成す。エネルギー安全保障（energy security）、経済（economy）、および、環境（environment）という三つのEをこの順に重視しつつ、ベストミックスなエネルギーの確保を目指さなければならない。その点で、東日本大震災時の、福島原発事故に端を発する原発忌避感情は、冷静かつ真っ当な議論を封印してしまった。「和の影①＝空気の支配」が、「言霊の影＝リアリズム欠如の思考停止」が、国中を覆っているのだ。その結果、平成三十（二〇一八）年六月六日現在、稼働中の原発は五十七基中の六基に過ぎない、という異常事態に陥っている。

先の大戦は、アメリカから石油の輸入を断たれたこと。これが直接の引き金になったのだと、改めて思い起こしたい（アメリカによる「絶対的排日移民法」の成立と並んで、昭和天皇が指摘された大東亜戦争の二大原因／「第二章／第三節／第一項」も参照）。

第三節　中国への隷属

戦争確率の低減

本章で扱う「中国への隷属」は、次章で論じる「自衛隊の国軍化」改善策など、各種の関連する施策が不発に終わった時、かなりの現実味を帯びて来る。

確かにそうなのだが、前章の「巨大地震による日本沈没」と違って、日本単独の問題ではなく、少なくとも日本対中国にアメリカの絡む三国間問題である。したがって、影響力を発揮する和の影および退嬰化は、複雑な様相を呈して多岐に及ぶ。本章でも検討すべき点があれば適宜、行った方がよいであろう。

そこを踏まえて、影響力を発揮する和の影および退嬰化をあらかじめ挙げておけば、図表2に示されるごとく、次の五つ。すなわち、「退嬰化＝国家の正当性と士気の喪失」（◎）、「言霊の影＝リアリズム欠如の思考停止」（◎）、「穢れの影＝軍隊を嫌う平安貴族もどき」（◎）、「和の影④＝過剰適応による自己喪失」（○）、および、「和の影②＝世間益による国益の食い破り」（○）である。平成の衰退マインド丸出し、のテーマである。

これら五つのうち、「和の影②＝世間益による国益の食い破り」（○）。これについては、中曽根元首相の靖国神社公式参拝中止という、深刻な事例をすでに示した。

基本とすべきは、いかにして「戦争確率の低減」（高橋洋一〈経済学者〉の表現）を図るか。国の被膜を物理的に破られたり、化学的に溶かし込まれたりすれば（中国お得意の「溶かし込み」については、後述）、万事休すである。国防と社会保障が国家の両輪、とよく言われるが、決してそうではない。国防が果たされない限り、社会保障は意味を成さないのだ。

ついでながら、平和とは、戦争確率の低減に努めた結果として訪れる、ひとときの安定状態のことである。あくまで戦争確率の低減が目標、平和はその結果として得られる副産物だ。それは丁度、日常生活の積み重ねが、幸福というひとときの満足感をもたらすようなものである。平和を目標にするのは、幸福を目標にするのと同様に、迷路へ入り込む。ひきこもりの自分探しも、とかくそうだったではないか。戦後の日本は、平和や幸福や自分探しにうつつを抜かし、地に足が着かなくなっている。「退嬰化＝国家の正当性と士気の喪失」（◎）、の現れであろう。

さて、戦争確率の低減というが、どうすればよいのか。人類の歴史に照らした経験則は明らかで、「備えあれば憂いなし」。日本国憲法のような「備えなければ憂いなし」は、あまりに幼稚である。国民の生命と財産を守るという、国家しか果たし得ない使命を、自ら放棄している。加えて、はた迷惑でさえある。東南アジア諸国が、結束して中国に立ち向かおうにも、日本が当てにならないからだ。「穢れの影＝軍隊を嫌う平安貴族もどき」（◎）、の面目躍如というところか。

当たり前の話だが、日本に手出しをすれば痛い目を見る。このように分からせることで、費用対効果（いわゆる、コスパ）の面から、相手に戦争を思いとどまらせることだ。第二次世界大戦中のスイスが、ヒットラー率いるドイツの侵略を思いとどまらせることができたのも、この理屈によっていた。

それでも、相手が戦争を仕掛けて来たら、どうするか。断乎として戦い、相手に痛い目を見させるしか、手はないのだ。真善美に照らせば、戦争の悲惨さからして、善い戦争も美しい戦争もない。それでもなお、真なる戦争はある。言い方を変えれば、中国に飲み込まれないための戦争は「正しい戦争」（野口裕之〈産経新聞記者〉の表現）だ。「言霊の影＝リアリズム欠如の思考停止」（◎）では、この当たり前な話が通らない。

国益と国益がぶつかり、一皮剥けば無法が支配しかねない国際社会。国内法は、警察と裁判所が機能し得る限り（そうは行かない国も、多数存在するが）、国民に対して強制力を有する。だが国際法は、国際警察と国際司法裁判所が実質的に存在しない以上、どの国家に対しても十分な強制力を持ち得ない。最近の一例だけでも、十分であろう。フィリピンの訴えを受けた仲裁裁判所が、中国の南シナ海埋め立ては違法、との判決（平成二十八〈二〇一六〉年七月十二日）を出した。それに対して中国は、「一片の紙切れに過ぎない」と嘯《うそぶ》いているではないか。

そして、国際連合などは、無いよりマシ程度のもので、肝心の政治（とくに、軍事）分野となるとほとんど機能しない。その意味で、日本の戦後リベラル（関連する議論は、「第六章／第一節／第五項」を参照）が信奉する、国連中心主義という政治的グローバリズムは、甘い幻想だ。「和の影④＝過剰適応による自己喪失」（○）、の一種と思われる。

大体が、国際連合とは「United Nations」を意図的に誤訳したもので、連合国（第二次世界大戦の戦勝国）が正訳だ。日独伊などの敗戦国を支配するための機構、という面を色濃く持っているのである（例えば、旧敵国を永久に無法者と宣言したに等しい「敵国条項」は残ったままである）。そうした中での国連中心主義とは、「言霊の影＝リアリズム欠如の思考停止」（◎）が招いた、幻想の産物という面をぬぐえない。

要は、人間というものをどう見るかだ。至って非力なのだが、頭の前側（前頭葉）が肥大した結果であろう、桁違いに攻撃的な動物だ（むろん、利他的な行動も大いにするのだが）。ユーラシア大陸の連中は、また、その後裔たるアメリカも、そうした攻撃性を十分に受け継いでおり、マキャベリズムに聡い。マキャベリズムに疎い日本の方が、国力の大きさに比すれば（太平洋の小さな島国なら、いざ知らず）、きわめて例外的というべきだろう。

野口裕之（『野口裕之の「安全保障読本」』ＰＨＰ）によれば、記録に残る人類の歴史五千年で、主要な戦争は一万四千回以上、死者は五十億人に達する。過去三千四百年のうち、平和な時代はたったの二百五十年に過ぎない。比較的最近の国家間紛争に限っても、十九世紀末に始まった帝国主義時代から第二次世界大戦終了までの約半世紀間で四百三十五回、米ソ冷戦期間で五百回、冷戦終了後で四百回と、残念ながら戦争は何ら珍しいことでもないのだ。

アメリカの長期衰退傾向

アメリカがハワイまで引く日は、そう遠くないと考えられている。日下公人と伊藤貫（『自主防衛を急げ！』李白社）が指摘するように、今後のアメリカは低成長モードに入り、令和七（二〇二五）年頃までには、財務危機・通貨危機を引き起こす。つまりは、長期的に見れば衰退の方向を歩むと予想される。その背景としては、①ベビーブーマーの大量引退、②医療費の高騰、③人口のヒスパニック化、および、④国民の六割が実質的な無貯金状態、という四つの悪条件が考えられる。

簡単に補足すると（伊藤貫『中国の核戦力に日本は屈服する』小学館101新書）、①とかかわり、ベビーブーマー（日本の「団塊の世代」より年齢の範囲が広く、一九六〇年代半ばまでに生まれた人々を含む）の大量引退で、税収の減少と年金・医療費の増加が避けられない。②とかかわり、医療費支出は二〇一〇年代の後半、すでにGDPの二十％以上に達している。③とかかわり、ヒスパニック（中南米系アメリカ人）が人口の過半数に達する二〇四〇年代以降、彼らの平均的に見た学力の低さ・犯罪率および福祉依存率の高さ・貯蓄率の低さが、アメリカの経済成長にとってマイナス要因となる。そして、④とかかわり、過去三十年間に及ぶ米経済の成長では、一握りの金融機関と金融業者だけが巨万の富を得て、残りの国民は実質所得が長期的に停滞したままである。

これらの事情から、予算に占める割合が大きい軍事費の約六千億ドル（二〇一六年現在）はすでに頭打ちとなり、五千億ドル以下へと削減されつつある。しかも、軍人の給与上昇と装備の更新代が圧迫要因となりつつある。これでは、同年現在で表に出ただけでも約二千二百億ドルと、毎年大幅に軍事費を増やし続けている中国が、米国の軍事費を追い越す日も、そう遠くないことであろう（ちなみに、日本は四百十億ドル）。なお、トランプ大統領の就任（二〇一八年一月二十日）で、軍事費は九％増の大転換が図られつつあるものの、この政権がいつまで持つか、政策に一貫性があるのかなど、不透明感はぬぐえない。

中国の止まらぬ膨張

一方、昨今の中国は、経済的発展に支えられて軍事大国化を強めている。以下のような三つの願望に基づいて中長期的にアジア、とり分け日本を侵略しようと狙っている（石平『教えて石平さん。日本はもうすでに中国にのっとられているって本当ですか？』ＳＢ新書）。すなわち、①中華思想に基づく華夷秩序の回復、②生存空間の確保そして膨張した人口の放出、および、③中国経済ひいては中国共産党の救済、である。

先ずは①であるが、近代以降に欧米列強や日本によって崩壊させられた、華夷秩序を今一度回復せんとする野望が挙げられる。むろん、「支配するか、されるか」（むき出しのマキャベリズム）しか眼中にない中国からすれば、東アジアのリーダーは自国以外にあり得ない。その点、日本は東夷の末席に位置するという身のほどをわきまえない、許しがたい相手である。何せ、日清戦争（明治二十七〈一八九四〉年～明治二十八〈一八九五〉年）で勝利した日本は、李氏朝鮮を独立させ、台湾を割譲させ、琉球の従属関係を断ち切らせて、清王朝の華夷秩序を徹底的に破壊してしまったのだから。

次いで②であるが、昔から続く森林破壊と近現代の急激な人口増加などが災いして、砂漠化・水不足・大気汚染は深刻な状況にある。加えて、近代化を支える農村からの膨大な出稼ぎ労働者（農民工）が、社会の不安定要因となっている。十四億人ともいわれる現在の人口は、中国大陸での収容能力をはるかに超えている、と言わざるを得ない。そのため、外国で土地を手に入れ、場合によっては領土を拡張してでも、中国人を海外へ放出するしかないのだ。考えられるのは、軍事に訴えるという直接的手法だけではない。洗国（他国に数十万人規模の流民を移住させ、やがてその国を乗っ取る）という、間接的手法もあり得る。

ちなみに、筆者の住む北海道は、中国の三十二番目の省になりはしないかと、心配されるほどだ（宮本雅史『爆買いされる日本の領土』角川新書）。東京ドーム五千個分（平成二十九〈二〇一七〉年現在）の面積に匹敵するほど、中国資本による土地の爆買いが進んでいる。

さらに、③であるが、中国経済はすでにバブルが弾け、ドル建て外貨準備高が大幅に不足している。そのため、経済統計をいかにごまかしたところで、瀕死の状態にあることは周知の事実である。一党独裁の強みを発揮して、統制経済を強力に推し進め、一帯一路（陸と海の両面からする現代版シルクロード）とそれを支えるＡＩＩＢ（アジアインフラ投資銀行）、という壮大な仕掛けを物語ってみせるものの、いつ共産党王朝が崩壊してもおかしくない。国民の不満を国内問題から逸らし、経済を再び回すためにも、対外戦争は願ってもないカンフル剤だ。

アメリカの対中親近感

加瀬英明（『日本と台湾』祥伝社新書）によれば、日本人は創意に溢れ、集団の組織力と規律の正しさが抜きん出ている。だが、あまりにも独特であるため、国際性を欠いて外界から孤立しやすい。

一方、中国人は、仲間しか頼れるものがないから（「第六章／第二節／第二項」および同「第三項」を参照）、人々が個性を逞しく表現し、企業家精神に溢れている。常に生きるための新天地を求めて来たから、国際性が豊かである。同じく、加瀬によれば、中国の巨大市場としての可能性と、キリスト教の処女地であったことが、アメリカに中国へのロマンを抱かせ、対中親近感を醸成して来たのだ。その点、日本は市場規模が小さく、宣教師たちの賢明な努力にもかかわらず、キリスト教へ改宗する者などほとんどいなかった。

さて、日下公人と伊藤貫（『自主防衛を急げ！』李白社）は指摘する。アメリカ人にしても中国人にしても、派手な芝居がかった演技や、スピーチや、自己主張を好む。アメリカ人は、三人に一人ぐらいの割合でケロッとして嘘をつく。とくに、政治家・金融業者・弁護士・マスコミ人には、犯罪者タイプの悪人が多い。その点は、中国人も負けていないが、頭が良くて勤勉で、タフで腹黒くて傲慢で、しかも、必要なときにはとってもチャーミングになる。つまりは、「嘘をついてでも、多くの人を説得した方が勝ち」という、マキャベリズムに聡い面を共有するのだ。キッシンジャーは、そのように強情で傲慢な、自己中心的な中国人が好きである。逆に、黙って誤魔化してしまう、臆病な日本人のことを軽蔑しているらしい。

事程左様に、似た者同士の両国。それかあらぬか、両国の支配層は、自国民のことなど度外視して金儲けに狂奔する、いずれ劣らぬ経済的グローバリストである。国際金融資本家は、ウォール街に巣食っているし、客家《はっか》（中国における華僑の元祖）を中核とした共産党や軍の幹部は、人民そっちのけで金儲けに走っている。そして、政治的に見れば、日中国交回復の図られた昭和四十七（一九七二）年、米中両国は対日共同封じ込め戦略を密約の形で作成している。要点は三つで、「日本には、絶対に核を持たせない、米軍が駐留を続けて独立を阻止する、および、朝鮮半島と台湾に関して発言権を与えない」。

隷属へのシナリオ

日本がそう遠くない将来、対米中とのかかわりでどのような道を歩むか。考えられるもっとも望ましいシナリオは、「①アメリカの半属国を脱して自主独立を果たす」というものだ。むろん、アメリカとの同盟関係は堅持した上で、同時に、国際環境の多極化にも対処して行く強《したた》かさが求められる。

だが、それを叶えようとする意志に欠けるか、叶えようにも叶えられない事態が続けば、容易ならざる未来が待っている。いずれかの時点で、アメリカは東アジアの覇権維持に意欲を失い、撤退を決意する（最悪、ハワイまで引く）ことが、大いにあり得るからだ。そうなった時、アメリカは、東アジアの安定に寄与できる国として、日本と中国のいずれを代役に選ぶだろうか。無用な対立を避けようとすれば、意欲満々の中国に任せることであろう（中野剛志・柴山桂太『グローバリズム　その先の悲劇に備えよ』集英社新書）。

そうなれば、中国への隷属が、目の前にちらつき始める。結局のところ、「㉑中国の半属国に甘んじる、または、㉒中国の属国に堕する」のいずれかへ陥ったとして、何ら不思議はない。筆者の希望的観測かも知れないが、「①対（㉑または㉒）＝四十％対六十％」とでもしておこう。平成の衰退マインドがいかに深刻かを考えれば、甘めの見積もりではあるが。

そこで、㉑の「中国の半属国」に甘んじる事態となった場合。かつてのフィンランドがソ連との関係で「フィンランド化〈対ソ〉」されたように、日本が中国の勢力下に置かれて「日本化〈対中〉」される。すなわち、日本の現体制は維持されつつも、外交や軍事は中国の意向を斟酌しなければならない。軍の装備は中国と互換性を持たされ、有事の際には中国に協力して戦うという将来像だ。現状の日本がまさに「日本化〈対米〉」の様相を呈している以上、日本の法体系と社会の動きは、さほど無理なく対中システムへと切り替え可能と考えられる。

さらに、最悪のシナリオとして、㉒の「中国の属国」に堕する事態へ陥った場合。これこそ、中国が虎視眈々と狙っているものである。チベットやウイグルのように、民族浄化の憂き目を見る（テンジン他『中国の狙いは民族絶滅』まどか出版）ところまで、追い詰められることであろう。チベットの場合、豊富な天然資源は収奪され、人口の過半を占める遊牧民は移動の自由を禁止されて乞食同様となり、飢餓・銃殺・虐殺などによって殺された者は、チベット系約六百万人中の百二十万人（一説では、二百万人）にも及んでいる。そして、ウイグルの場合、やはり豊富な地下資源は奪われ、地上ないし空中核実験が住民へ非通知のまま何十回も行われ、ウイグル語の授業は禁止され（最近では、家庭内でのウイグル語会話も禁止され）、若い女性は半ば強制的に中国本土へ出稼ぎに出されて、中国人男性との混血が図られ、住民のデモは流血のうちに弾圧されている。こうして、両自治区とも、今や過半数は漢民族で占められているのだ。

超限戦

中国が中国であり続ける限り、対日工作は止むことを知らない。南京大虐殺のプロパガンダはもとより、広範な形で延々と続いている。とは言っても、尖閣に攻め込むなど、物理的に日本の被膜を破るばかりが能ではない。いわば化学的に「溶かし込む」（高山正之〈コラムニスト〉によれば、中国高官はそのように表現するらしい）、というやり方もあるのだ。

それこそ、中国が古来から得意とする「超限戦」。喬良と王湘穂（坂井臣之助と劉琦共訳『超限戦　二十一世紀の「新しい戦争」』共同通信社）によれば、超限戦とは、武器を使わずに敵国を弱体化する戦いのこと。外交戦、国家テロ戦、諜報戦、金融戦、ネットワーク戦、法律戦、心理戦、メディア戦など、文字通りあらゆる手段で制約なく行う戦争のことである。

この超限戦という文脈で見れば、官製の反日デモを起こして圧力をかけるのも、産業スパイを送り込んで機密情報を盗むのも、ハッキングで我が国の情報を混乱させるのも、武器を使わぬ戦争というわけだ。他にも、思いつくまま挙げてみれば、移民による人口侵略（つまりは、洗国）、外国人参政権、人権侵害救済法案、反日・親中（ないし、親韓・親北）番組の制作によるマスメディアを通した洗脳、靖国神社参拝への内政干渉、東京裁判史観の徹底、為替操作での輸出攻勢、産業誘致での資金と技術の取り込み、レアメタルなど戦略物資の輸出制限、戦略的な日本企業買収……。

もっとも、中国は、アメリカに対しても超限戦を仕掛けて来たらしい。平成二十九（二〇一七）年にホワイトハウスで開かれた、中国問題に関する公聴会で、そう指摘されている。そのことに気づいたトランプ政権下のアメリカは、どうにか踏み止まり、中国に対して大々的な反転攻勢を仕掛けつつある。対照的に無為無策なのが日本で、赤子の手を捻るがごとくすでにかなり溶かし込まれている、と見た方がよいであろう。

台湾の死活的重要性

そうした中、日本にとって死活的に重要なのは、今や必ずしも朝鮮半島ではない。むしろ、台湾の方なのだ（西村幸祐『21世紀の「脱亜論」』祥伝社新書）。

中国は、「第一列島線」（九州から沖縄、台湾、フィリピン、ボルネオに至るライン）まで出張ることをとりあえずの目標として、台湾に圧力を掛け続けている。台湾を奪取すれば、その要を押さえたことになる。次の目標は、「第二列島線」（伊豆諸島から小笠原諸島、グアム・サイパン、パプアニューギニアに至るライン）まで出張ること。そして、遂には「G2」構想（ハワイを基点に、太平洋を米中で分割する）という、大中華の夢を実現させることだ。

中国の膨張がシナリオ通り進めば、日本のシーレーンは、第一列島線が引かれた頃からかなり圧迫され、第二列島線が引かれた頃には、迂回もままならなくなって、経済が大打撃を受ける。何せ、石油だけ取っても、シーレーン上に二百七十隻余の二十万トン級タンカーが蟻の行進のごとく列を成し、七十日かけて毎日三隻ずつ日本へ入港しているのだ。

日本の生命線は、シーレーンと知るべきだ。ところが、日中国交回復（昭和四十七〈一九七二〉年）以後の日本は、因縁浅からぬ親日的な台湾を見捨てている。しかも、シーレーンの監視警備はアメリカ頼みとし、自らは守る気概を積極的に示して来なかった。

第四節　改善策としての自衛隊国軍化

未だしも実現しやすい改善策

直前節である程度は指摘したところだが、「中国への隷属」に影響力を発揮する和の影および退嬰化は、次の五つ。すなわち、「退嬰化＝国家の正当性と士気の喪失」(◎)、「言霊の影＝リアリズム欠如の思考停止」(◎)、「穢れの影＝軍隊を嫌う平安貴族もどき」(◎)、「和の影④＝過剰適応による自己喪失」(○)、および、「和の影②＝世間益による国益の食い破り」(○)である。追加で指摘すべき点があれば、さらに触れることとしよう。

中国への隷属を乗り越えるための改善策、その一丁目一番地が自衛隊の国軍化である。憲法九条第二項を改正して、この程度のことさえ果たせなければ、この国にもはや未来はない。むろん、日本の為すべき備えは他にいくつもある。「情報機関の設置」や「核武装」(次項を参照)などがそうだ。これらと比べても、自衛隊の国軍化は、国民の理解がはるかに得やすいであろう。

ただし、言うまでもないことだが、軍備を充実させなければ、自衛隊の国軍化は内実を伴って来ない。ＧＤＰ一％枠(三木武夫内閣によって、昭和五十一〈一九七六〉年に閣議決定された防衛大綱の予算枠）などという、根拠のない数字に未だ固執しているようでは、お里が知れるというものだ。こうして、「和の影②＝世間益による国益の食い破り」（〇）については、すでに指摘した親中派・媚中派の問題もあるが、財務省が渋いという問題があるのだ。むろん、国民の意識がＧＤＰ一％枠を出ないということは、「穢れの影＝軍隊を嫌う平安貴族もどき」（◎）の現れでもあろう。

なお、主要な武器がアメリカ製という現状では、かの国の意図次第で情報機器満載のブラックボックスをいつロックされるか、知れたものではない。その瞬間に、最先端の武器はガラクタと化すのだ。日本学術会議は、つい最近「軍事研究禁止声明」を出したが（平成二十九〈二〇一七〉年三月二十四日）、武器の自国生産に踏み出せないようでは、将来がはなはだ危うい。これまた、「穢れの影＝軍隊を嫌う平安貴族もどき」（◎）の現れでなくて、何であろう。

関連する容易には実現しにくい改善策

自衛隊の国軍化との関連で、情報機関の設置と核武装についても、ごく簡潔に触れておきたい。これらは、いずれも容易には実現しにくい改善策である。

まずは、情報機関の設置（中西輝政『情報亡国の危機　インテリジェンス・リテラシーのすすめ』東洋経済新報社）。米ソ冷戦の終了とグローバリズムの進展という新時代を迎えて、国際社会のパワー・ゲームは、戦争というあからさまな力の行使によるよりも、国家的な情報活動によって担われる面がますます大きくなりつつある。したがって、中国の対日戦略に備えるという面は強いにしろ、世界全体が超限戦の時代へ突入したと心得るべきなのだ。ところが、現在の日本は、こうした面でも極めて脆弱だ。情報亡国、すなわち、情報の不備によって国が滅びかねない危機に瀕している。同じ敗戦国でありながら、ドイツとの大きな格差を思い出されたい。

次いで、核武装（日下公人と伊藤貫『自主防衛を急げ！』李白社）。日本が中国・北朝鮮・ロシアのいずれかに核の恫喝を受けた場合、アメリカは核による報復をちらつかせて日本を守るか。自国民を犠牲にする覚悟までして、そのような行動に出るはずはない。今や明白なことだが、アメリカの核の傘はすでに破れている。そのくせ、当のアメリカでさえも、日本の核武装には否定的だ。むろん、日本国内と来れば「言霊の影＝リアリズム欠如の思考停止」（◎）で、核武装のことは押し黙ったまま。中川昭一代議士は、存命中の平成十八（二〇〇六）年にあえてそれを口にした、自民党でも稀な存在であった。

対照的なのが、同じ頃の福田康夫官房長官（後に首相）。ブッシュ（息子）政権下のリチャード・チェイニー副大統領は、北朝鮮の核開発とからみ、「日本が核武装問題を再検討するかどうか、考慮を強いられるかも知れない」、とＮＢＣテレビで語ったことがある（平成十五〈二〇〇三〉年三月十六日）。だが、当時の彼は言うに事欠いて、「それは、中国の利益に叶っていない」とうそぶいた。大の媚中派として知られる福田のこと、特大級の「和の影②＝世間益による国益の食い破り」(〇)を、平然とやってのけたわけだ。

しかし、中国と相対するのに、アメリカと共同戦線を張るのは当然として、核武装は命綱のはずである。しかも、コスト的には、かなり安上がり。ミサイル防衛網が、コスト高な割に、どこまで構築しても網の破れが懸念されるのとは対照的だ。なお、コストの面からいえば、貧者の兵器の最たるものといわれるサイバー兵器。それでいて、将来の戦争においては最も有効性が高いものの一つと考えられており、核武装と並んで注目すべき武器だ。

さまざまな縛り

繰り返し指摘して来たが、令外官たる自衛隊。その彼らは「いざ鎌倉」となった時、どのような行動を取り得るのか。以下に述べるような、自衛隊に掛かるさまざまな縛りを考えるなら、筆者には三つの可能性しかないように思われる。すなわち、「縛りを甘受して少なからぬ自衛隊員が討ち死にする、縛りを跳ね除け罪を覚悟で超法規的軍事行動に出る、どちらも選べぬと出動を拒む」。戦後の軍事における際立った政治的不作為の(為すべき事を為さなかったために生じた)、おぞましい結果である。

以下の議論では、中村秀樹(『自衛隊が世界一弱い38の理由』文藝春秋、『日本の軍事力 自衛隊の本当の実力』ベスト新書、小川和久『日本人が知らない集団的自衛権』文春新書、『戦争が大嫌いな人のための正しく学ぶ安保法制』アスペクト)、および、野口裕之(『野口裕之の「安全保障読本」』PHP)などを、参考にしよう。

図表5に示されるごとく、現行憲法の精神を遵守した結果、自衛隊にはさまざまな縛りが掛かることとなった。一つ目に、「専守防衛」。仮に防衛上の必要があっても相手国に先制攻撃は行わず、侵略して来た敵を自国の領域において撃退しようとする。この理屈からすれば、専守防衛は本土決戦となる公算が高い。しかも、鉾《ほこ》としての攻撃型兵器(弾道ミサイル、長距離戦略爆撃機、潜水艦発射弾道ミサイルを含む原子力潜水艦、攻撃型空母など)は、保有が難しい。図表中で、「有事」が盾《たて》の「武力行使(防御型兵器)」とならざるを得ないのは、そのためだ。鉾はといえば、アメリカ頼みにするという発想だ。

さまざまな困難が、予想される。実際、自国およびその周辺で作戦するため、住民が邪魔になって作戦行動は大きく制約され、住民に被害が出る危険性も高い。また、我が国土は南北に長いから、敵の侵略がどの地域に及ぶか特定しにくい。東西の幅が狭いから、縦深性が低い。つまり、奥まで誘い込んで叩くのが難しく、防衛上の時間的猶予はきわめて限られる。さらに、侵略する相手側からすれば、自衛隊よりも長射程の兵器で日本を攻撃(スタンドオフ攻撃)した場合、相対的に自由かつ安全な攻撃が行える。

二つ目に、警察官職務執行法(警職法)とかかわる「ポジティブリスト」。警職法は昭和

図表5 自衛隊に掛かるさまざまな縛り

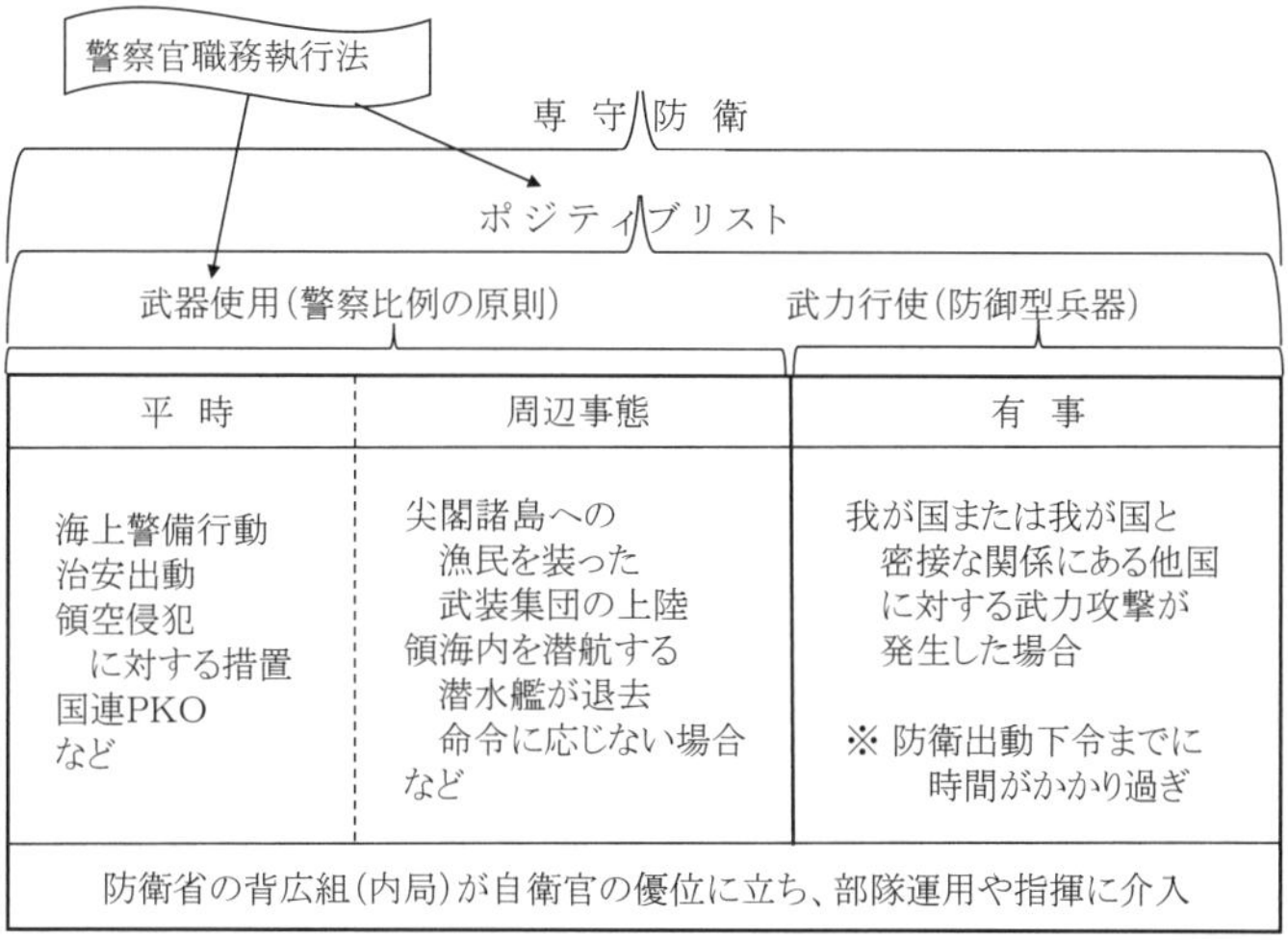

二十三（一九四八）年に施行されたもので、警察官の職務執行に必要な手段を定めている。自衛隊がポジティブリストで縛られ、「平時」や「周辺事態」が「武器使用（警察比例の原則）」となっているのは、警職法の精神に沿ったものなのだ。

世界の軍隊は、原則としてネガティブリスト（禁止規定）で動けるのに対し、自衛隊は、平時（周辺事態も含めた）はもちろん有事でさえ、ポジティブリスト（根拠規定）でしか動けない。ネガティブリストなら、国際法や戦時国際法に準拠した禁止事項さえ守れば、他のことは何をやってもいい。だが、ポジティブリストでは、自衛隊法に準拠して為し得る行動がその都度列挙される。例えば、インド洋に給油任務で派遣された海自艦艇は、目の前で海賊に襲われている商船を助けられそうにない。ポジティブリストで、自衛隊の任務は給油と規定されていれば、それ以外の行動が取れないからだ。我が国以外の軍隊なら、直ちに商船を助けるはずだ。敵軍と遭遇すれば、ワンサイドポーカーのように手の内を読まれ、大打撃を受けかねない。

三つ目に、同じく警職法とかかわり、武器使用における「警察比例の原則」。周辺事態も含めた平時にあっては、この原則が適用される。敵と同等か一段階上の武器（例えば、ピストルに対してはピストル）までしか使えない。それも、正当防衛や緊急避難の場合に限られる。ちなみに、有事の場合は「武力行使」であるから、この原則は外される。それでも、盾としての防御的兵器しか使えない。

警察比例の原則に従えば、敵が攻撃態勢を整えても、実際に仕掛けてくる（恐らくは、こちら側に戦死者が出る）まで、自衛隊は何もできない。それも、相手の兵器が評価できてから、同等程度の威力で反撃するまでだ。また、敵が不利と見て退却した場合、体勢を立て直して次に仕掛けてくるまで、やはり何もできない。こんな馬鹿げた話が、あってよいものか。

なお、警職法の精神の延長であろうか、次のような問題も起こる。すなわち、自衛隊の動きは大半が国内法の制約下に置かれる。例えば、物資や土地の収用などは、都道府県に要請してやってもらわねばならない。そうなると、国内が戦場と化した場合、国内法に縛られた自衛隊とお構いなしの敵軍が戦う、という構図になる。また、自衛隊を掣肘する軍刑法は、そして軍法会議は、存在しない。そのため、例えば脱走した自衛隊員は、自衛隊法で職場放棄の罪に問われるだけだ。懲役も七年以下で、執行猶予が付き、実刑にはならない。しかも、処分が不服とあれば上告でき、最高裁まで争うことができる。普通の軍隊であれば、一審制の軍法会議で、厳罰に処せられるところだ。

四つ目に、「防衛出動下令までに時間がかかり過ぎること」。有事とは、我が国または我が国と密接な関係にある他国（主として、アメリカ）に対する、武力攻撃が発生した事態であり、自衛隊には武力行使が許される。だが、屋上屋を重ねる審議を経て、防衛出動が下令されるまでに最速でも一日半程度と、時間がかかり過ぎる。その上、最高指揮官である総理大臣から防衛大臣へ防衛出動が下令されても、主力部隊の出撃はそれ以降。作戦計画と準備状況のいかんによっては、一カ月以上かかる恐れなしとしない。

大体が、敵の武力攻撃は、あらかじめ予測できる強襲という形ではなく、予測できない奇襲という形で発生する可能性が高い。諸外国なら、防衛出動が下令されて戦闘準備が整うまでの間、あらかじめ定められた交戦規定に従って敵軍に反撃できる。だが、自衛隊には、この時間遅れをカバーする、交戦規定が存在しない。そのため、自衛隊が同様の戦闘行為に出れば超法規的となるから、罪人となる覚悟がいる。

五つ目に、防衛出動下令の問題と精神的には似ているのだが、「内局の支配」。自衛隊の問題点は組織論上、防衛省事務方（内部部局〈内局〉）が自衛官の優位に立ち、部隊運用や指揮に介入できることだ。内局の見解によれば、「侵攻は事前に分かるから、超法規的措置は必要ない」というのだから、軍事にオンチな連中が主導権を握っていることになる。

本来のシビリアンコントロールとは、政治の決定に従って軍事力を適切に行使することである。だが、日本の現実は、自衛官に対する内局優位で、これを担保しようとしている。外務省でも大使などは外務大臣直轄、法務省でも検察庁は法務大臣直轄である。同様に、防衛省でも自衛隊の実戦部隊などは、防衛大臣直轄とすべきなのだ。

第五章　深刻この上ない二種類の苦難に対する下支え策

第一節　地上波テレビの自由化

比較的実現しやすい下支え策

近未来に迫り来る深刻この上ない二種類の苦難（巨大地震による日本沈没、中国への隷属）は、何としてでも乗り越えねばなるまい。その本体となる改善策（国土強靭化、自衛隊の国軍化）については、直前の「第四章」で縷々検討を重ねた。

だが、この「第五章」で述べるような、下支え策（地上波テレビの自由化、プライマリーバランス〈PB〉黒字化目標の見直し、真正エリートの養成）。これらこそが、まず以て必要なはずだ。ただし、比較的実現しやすいものから極めて実現しにくいものまで、下支え策の難易度はさまざまである。したがって、下支え策あっての改善策とはいえ、先行して実現できるとも限らない点は留意したい。

なお、下支え策の場合も、和の影および退嬰化（総じて、平成の衰退マインド）がどう影響力を発揮し、その実現を容易または困難にするか、気になるところである。図表2のような形でまとめては示さないが、また、影響力の大小も評価しないが、本文中で必要に応じて触れることにしよう。

地上波テレビの自由化は、比較的実現しやすいと考えられる。岩盤規制の一つではあるものの、世界の潮流から見て、政財官電（電とは、まさにマスメディアのこと）の利害さえ折り合えば、やれないことはない。本節の記述は、小川榮太郎と上念司（『テレビ局はなぜ「放送法」を守らないのか』ＫＫベストセラーズ）や「国民の知る権利を守る自由報道協会」のホームページなどを、参考にしよう。

禁忌の呪縛

ＧＨＱが占領期に行った日本弱体化工作。その中の二つが、公職追放であり戦争犯罪宣伝計画であった。それらの影響をまともに受けたマスメディア（に限らず、言論界全般）は、公職追放を免れた敗戦利得者たちが、ＧＨＱの戦争犯罪宣伝計画に協力するところから出発した。同時期には、七千冊以上の「危険」図書が焚書の憂き目を見ている（西尾幹二『ＧＨＱ焚書図書開封』徳間書店）。東大文学部を中心とした敗戦利得者たちが、協力していた。

こうして、戦後の日本でマスメディアの左傾化が止まらないのには、それなりの歴史的な理由がある。むろん、ＧＨＱによる事前検閲はとっくの昔に終了したのだ。だが、マスメディア自身による自主検閲へと姿を変えながら、今日まで続いている。江藤淳（『自由と禁忌』河出文庫）が言うところの、「戦後の言語空間に仕掛けられた禁忌の呪縛」である。実際、国内的には左翼に、また、国外的には中国や韓国・北朝鮮などにおもねり、彼らに都合の悪いことや機嫌を損ねることは、事実関係のいかんにかかわらず、報道を差し控える傾向がある（アメリカに対しては、愛憎半ばする報道だが）。

それにしても、こうした禁忌の呪縛から、今に至るも自由になれないのは何故か、といささか首を傾げたくなる。突き詰めて言えば、マスメディアの関係者も、情報の消費者である国民も、戦後の呪縛された言語空間が心地よいのだ。アメリカ任せの国防が心地よいのと似ており、江戸時代に戻ったかのような半鎖国な状態が、お似合いなのだ。なお付言するなら、マスメディアというものは、自国民の不特定多数へ向けて発信する。だとすれば、やや左がかった政治的正しさ（political correctness〈ＰＣ〉）を目指した方が、火傷を負わなくて済む。つまり、元から綺麗事の好まれる世界なのだ。

これらを総合的に勘案するなら、「言霊の影＝リアリズム欠如の思考停止」が、根っこにあるに違いない。加えて、「退嬰化＝国家の正当性と士気の喪失」や「和の影④＝過剰適応による自己喪失」が、効いているのだろう。「和の影＝平等を求める社会主義好き」も、かかわっているはずだ。

偏向報道の花盛り

テレビ電波の種類は、地上波放送と衛星放送に大別される。以下では、地上波放送に焦点を当てる。

社団法人日本平和学研究所は、「特定秘密保護法」や「安全保障関連法」とかかわり、テレビの報道番組を調査した。ちなみに、前者は、安全保障上の秘匿性が高い情報の漏洩防止を狙った法律で、平成二十六（二〇一四）年十二月十日に施行された。また、後者は、憲法解釈の変更による集団的自衛権の行使容認などを柱とするもので、平成二十八（二〇一六）年三月二十九日に施行された。

さて、件の調査であるが、ナレーションやキャスターおよびコメンテーターの発言内容を、賛成・反対・中立の観点から秒単位でカウントしたものである。その結果、『ニュースウオッチ９』（ＮＨＫ）、『ＮＥＷＳ２３』（ＴＢＳ）、『報道ステーション』（テレビ朝日）などの主要な報道番組を平均して、特定秘密保護法では七十四％が、また、安全保障関連法では八十九％が、反対意見で占められていた。

明らかな、「放送法第四条」違反である。現行の放送法は、第一条と第三条で放送の自立と自由を保障する一方、第四条では、編集の原則を提示し、その遵守を定めている。とくに、「第四項」で、「意見が対立している問題については、できるだけ多くの角度から論点を明らかにすること」、と明記している。

だが、関係者たちは言論の自由を盾に、第四項など倫理規定に過ぎないから、守る必要はないと居直る。それどころか、自民党政権を倒す方針で報道せよ、と檄を飛ばす輩まで現れる始末だ。後者は、テレビ朝日の報道局長であった、椿貞良の発言である。この「椿事件」（平成五〈一九九三〉年）を受けて、自ら襟を正すべく放送倫理・番組向上機構（ＢＰＯ）を立ち上げはした。しかし、委員の半数以上はテレビ関係者であり、内輪だけの事なかれ集団と化している。

こうして、左翼とその取り巻きたちが今だ影響力のあるテレビ業界では、公平性や妥当性への配慮が驚くほど欠如している。しかも、テレビは新聞と連動して（次項を参照）、世論を特定の方向へ誘導しようとする状況が、相変わらず続いている。そうした体質の業界へ、中国・韓国・北朝鮮やアメリカが、工作を仕掛けてくる。これでは、一般大衆の政治判断が時に大きく狂ったとして、何ら不思議はあるまい。マスとしての大衆は、砂丘のようなものである。一人ひとりは、小さな砂粒に過ぎないが、マスメディアという風に煽られれば、一夜にして砂丘は姿形を変える（西部邁〈評論家〉の表現）。

北朝鮮有事だというのに、その背後では中国が機を窺《うかが》っているというのに、昨今の「もり・かけ騒動」（小川榮太郎『徹底検証「森友・加計事件」朝日新聞による戦後最大級の報道犯罪』月間Ｈａｎａｄａ双書）がいかに馬鹿げていたか、思い起こしたらよい。「和の影①＝空気の支配」によって改憲を阻止しようとする動きが、見え見えではないか。かのゾルゲが為した指摘は、何と見事に当たっていたことよ。

巨大な既得権益

地上波の電波帯域が限られるため、在京キー局は、たった六事業者（ＮＨＫと民間五局）で占められている。彼ら全体で、三十四億円の電波使用量に対し、三兆円の収入を上げている。元手の千倍を稼げる、夢のようなビジネスなのだ。それかあらぬか、社員の平均年収はＮＨＫが約千八百万円、民間各局も約千四百万円と高額である。下請け制作会社のスタッフが、三百万円～五百万円に過ぎないのとは、桁違いの額だ。こうして、日本のテレビ事業は事実上、何の規制や競争原理もない、天下御免の無法ビジネスと化している。そのテレビ局が、高い視聴率を目指すのは、スポンサーにお金を出してもらうためである。視聴者をおもんばかって、のことではない。だから、質の低い報道番組を提供しても、視聴率さえ稼げれば平気でいられるのだ。

日本では今も、戦前の右翼社会主義（「第六章／第一節／第四項」を参照）の遺産が、思わぬ形の既得権益となって残っている。地上波テレビによる全国放送が、在京キー局の六事業者に占有されているのも、「国家総動員法」（昭和十三〈一九三八〉年）で、ラジオの東京発信による情報統制が敷かれて以来の伝統である。日本でも、平成二十三（二〇一一）年から地上デジタル放送、いわゆる地デジが本格化している。地デジ化により、利用可能な周波数帯に空きは生じたが、やはり既存のキー局が占有し、昔の番組や通販番組でお茶を濁している現状だ。総じて、日本のテレビは、面白くない上に偏向もしている。

加えて、日本では、同じ資本が新聞とテレビ（やラジオ）を、同一地域で占有している。実際、朝日新聞－テレビ朝日、毎日新聞－TBS、日経新聞－テレビ東京、読売新聞－日本テレビ、産経新聞－フジテレビ、といった有様だ。言論の多様性を確保する観点からすれば、極めて好ましくない状況といえよう。

目指すべきは多チャンネル化

少なからざる国民は、戦後の呪縛された言語空間に、このまま放っておいて欲しいと願っているのかも知れない。だが、深刻この上ない二種類の苦難（巨大地震による日本沈没、中国への隷属）が迫り来るというのに、それで済むのだろうか。

我々は、これら二種類の苦難はもとより、核武装から天皇制に至るまで、あらゆることを議論の俎上《そじょう》に載せてよいはずだ。今こそ、過不足のない（サントリーのコマーシャル風にいえば、「何も足さない、何も引かない」）情報に基づき、自らが判断すべき時ではないか。左傾化したマスメディアが社会の木鐸《ぼくたく》よろしく垂れ流す、偏向した情報（フェイクニュース）など、さほどの役にも立つまい。

そこで提案したいのが、地上波テレビの自由化。ネットユーザーが増えたとはいえ、地上波テレビは国民への影響力が未だ大きいから、マスメディアの左傾化に抗する策として、特効薬になり得ると期待される。日本を除けば、世界のテレビ放送は多局化・多チャンネル化の流れにある。例えば、アメリカや香港では二百チャンネル、韓国では六十チャンネル〜七十チャンネルほども選択できる。

有限な公共財である電波が、在京キー局の六事業者に占有されていて、よいはずはない。電波オークションによって、多チャンネル化を目指すべきだ。周波数帯域の利用免許は、競売で電気通信事業者に売却し、事業を行わせればよい。今では、ＯＥＣＤ加盟三十五カ国の約三分の二が、この方式を導入している。その上で、放送法第四条のような縛りは、撤廃すればよいのだ。

巨大な既得権益に、広告代理店はもとより、国会議員や官僚まで刺さり込んでいる現状は、醜悪でさえある。こうした現状では、電波オークションもすぐさま実現すまいが、目指すべき方向性はハッキリしている。

第二節　プライマリーバランス（ＰＢ）黒字化目標の見直し

容易には実現しにくい下支え策

直前の「第四章」で検討した、改善策としての国土強靭化にしろ自衛隊国軍化にしろ（あるいは、直後の「第三章」で問題とする、「真正エリートの養成」にしろ）、先立つ物はお金である。十分なお金を注入することができなければ、これらの改善策（や下支え策）は、そもそも講じようがない。その意味からすれば、本節で検討する「プライマリーバランス（ＰＢ）黒字化目標の見直し」こそ、最大の下支え策なのだ。それがうまく行かなければ、すべては絵に描いた餅になってしまう。

省庁の中の省庁（したがって、日本政治の実質的支配者）たる財務省のさまざまな思惑（後の「第五項」～「第七項」を参照）を考慮すれば、ＰＢ黒字化目標の見直しは、容易には実現しにくい下支え策とならざるを得ないであろう。平成時代の通奏低音が緊縮財政であり続けて来たのには、それなりの理由があるのだ。以下では、藤井聡（『プライマリー・バランス亡国論』育鵬社）、三橋貴明（『財務省が日本を滅ぼす』小学館）、および、高橋洋一（『99％の日本人がわかっていない国債の真実』あさ出版）などを、参考にしよう。

債務対ＧＤＰ比

奇しくも平成元（一九八九）年に、ニューヨークはマンハッタンで、借金時計（debt clock）がお目見えした。国や地方にどのぐらいの借金が積み上がりつつあるのか、あたかもデジタル時計のように、時々刻々と増え続ける数字で示したものである。それをヒントに、日本でも平成九（一九九七）年に経済ジャーナリストの財部誠一が、インターネット上で設置した。最近の増加スピードは、一日に約六十三万四千円で、一年に約二十兆円。平成二十八（二〇一六）年九月末時点での借金は、約千六十三兆円（国民一人当たり約八百四十万円）に達している。

借金が返せなければ、日本は破綻する。財政を切り詰め、耐乏生活をしなければ。借金時計は、かくのごとく日本国民に不安を掻き立てるのだが、我々はそれほど追い詰められているのだろうか。この事態を厳しく受け止める財務省は、緊縮財政に舵を切ったままだ。歳出カットにこれ務め、さらなる消費増税（八％→十％）の機会を窺っている。

そのせいもあろう、世界に占める日本のＧＤＰの割合は、最盛期の平成七（一九九五）年が十七・三％であったのに対し、平成二十六（二〇一四）年は五・九％にまで後退した。このまま行けば、令和二十二（二〇四〇）年には二・八％にまで落ち込むと予想される。対照的に、ＧＤＰの増加著しい中国は、日本と真逆の膨張コースを歩んでいる。

ここで、定義を三つ。一つ目に、プライマリーバランス（primary balance〈ＰＢ〉）とは、基礎的財政収支のこと。ざっくり言えば、政府の収入と支出の差を意味する。ただし、国債などの借入金は収入の計算に含まれず、したがってまた、過去の借入金返済に要する経費（国債の元利払い費など）は支出の計算に含まれない。平成二十八（二〇一六）年度の場合、政府の（地方を含まない）ＰＢは、約十一兆円の赤字となっている。

二つ目に、国内総生産（gross domestic product〈ＧＤＰ〉）とは、民間の支出、政府の支出、および、海外の支出を合わせたもの。つまり、民間・政府・海外の三者が使ったお金、を表す。ただし、海外の支出とは、日本からの輸出と日本への輸入の差額のことで、過去数十年ほど差し引きゼロに近い。平成二十八（二〇一六）年度の場合、ＧＤＰは五百二十四兆円で、民間が四分の三（約三百九十五兆円）、政府が四分の一（約百三十一兆円）を占める。

三つ目に、ＰＢ黒字化目標とは、国と地方のＰＢを令和二（二〇二〇）年度までに黒字化する、との財政健全化目標を指す。平成二十二（二〇一〇）年に、当時の菅直人民主党政権が導入したものである。ただし、直近の安倍晋三政権では、ＰＢ黒字化の達成時期を令和七（二〇二五）年へと、緩和する案が検討されている。

さて、ＰＢ黒字化目標を後押しするのは、平成二十五（二〇一三）年に開催されたＧ20におけるサンクトペテルブルク首脳宣言である。その中では、各国の財政健全化へ向けた戦略が、次のように宣言されていた。すなわち、成長や雇用を守りながら「債務対ＧＤＰ比」を安定化、ないし、引き下げる努力が為されるべきである。ＰＢを黒字化すべしと要請されていない点は、留意したい。ちなみに、分子を構成する債務とは、国債と地方債の合わさったものと見なしてよい。

ちなみに、昨今の日本に当てはめれば、「債務／ＧＤＰ＝（約千兆円／約五百兆円）×百＝約二百％」。これをどう評価すべきか、が問題なのである。ＰＢがマイナス（政府だけでも、約十一兆円の赤字）であったとしても、それだけで慌てふためく話ではないのだ。

もっとも、野放図ないし不条理きわまりない支出拡大が、行われてよいはずはない。藤井聡（『救国のレジリエンス』講談社）は、ギリシャの例を挙げる。すなわち、税収を大幅に上回るような過度に贅沢な社会保障を支給し続けたことで投資家の信頼を失い、国債の暴落（売り一色で、買い手のつかない状態）を招いた。我が国でも、民主党政権のマニフェスト（平成二十一〈二〇〇九〉年）がそのまま実行されていれば、同様のリスクが芽生えていたかも知れない。

ＰＢ赤字は、そうした場合の警告信号にはなり得る。「債務／ＧＤＰ」の将来的改善にまで響くようになっては、元も子もないからだ。したがってまた、債務が膨らむような政策であっても、国土強靭化のような経済成長、つまりは、ＧＤＰの拡大を期待させる手が打てれば、国債暴落のリスクは低下し得るのだ。

財政支出による良循環

財務省の好む例え話。政府の現状を一般家庭に置き換えるなら、その家計はいかにも苦しい。月給に比べて出費が多く、赤字は借金で埋めている有様だ。月給の範囲内に出費を収めないと、生活は遠からず行き詰まることであろう。したがって、もはや借金はできない。

だが、政府は一般家庭と異なる。支出の仕方が、収入に跳ね返って来るからだ。その意味では、むしろ会社と似ている。しかも、GDPに占める政府支出の割合は約四分の一と大きいため、跳ね返りもかなり見込める。そうであるなら、「必要とあらば（PB黒字化目標はいったん脇に置いて）支出拡大→GDP増加→収入増加」、という図式が描ける。

収入が増加すれば、次年度の支出拡大も比較的容易になろうから、良循環の回路に入ろうというものだ。現下のデフレが長期化する状況では、GDPの四分の三を占める民間が支出を抑制したままだから、四分の一を占める政府は支出を拡大すべきなのである。ちなみに、「債務／GDP」で見れば、政府の支出拡大は、収入増加へつながるため、分子の債務が伸びるのを抑えられる。同時に、分母のGDPを増加させる。結果的に、「債務／GDP」は、改善の方向を辿ることであろう。

ただし、支出拡大の原資は、もっぱら国債発行に求めるべきである。デフレが長期化する現状で、部分的にせよ消費増税で補ってはならない。国債発行による景気浮揚効果が、消費増税でかき消されかねないからだ。実際、平成九（一九九七）年の橋本龍太郎政権下における消費増税（三％→五％）は、デフレの長期化に一役買う結果となった。また、平成二十六（二〇一四）年の安倍晋三政権下における消費増税（五％→八％）は、アベノミクスで上向きかけていた景気を腰折れさせ、デフレからの脱却を困難にした。

存在しない財政問題

現下のデフレが長期化する状況で、政府の財政を良循環の回路へ乗せるためには、ＰＢ黒字化目標をいったん脇に置いてでも、支出を拡大する積極財政路線が採られるべきである。なるほど、そうであるかも知れない。しかし、支出拡大の原資をもっぱら国債に求めるとなると、いずれ償還期限を迎えた時に国債危機が発生するのではないか。その結果、国債の金利が急上昇して、財政破綻（デフォルト）の危機に瀕するのではないか。

だが、それは杞憂である。そもそも論として、日本に財政問題は存在しない。抱えている千兆円の負債だけ見れば、確かに財政難という話になる。だが、六百兆円の資産（主として、金融資産）を保有する。おまけに、隠れた資産として、徴税権が七百五十兆円相当も見込まれる。毎年五十兆円規模の税金が入ってくるから、その十五年分を権利と見るのだ。こうして、貸借対照表（バランスシート）を作れば、日本政府だけで三百五十兆円も黒字なのだ。これに、日本政府の子会社である日銀まで組み入れれば、連結決算で黒字はさらに膨らむ。

大体が、日本政府に財政問題が存在するのなら、国債の金利がゼロ%近くという低さは説明がつかない。ゼロ金利どころか、マイナス金利でも、買い手がついている有様だ。ちなみに、国債が取引されるのは金融市場（対して、財やサービスが取引されるのは実態市場）だが、そこでは株や社債も取引されている。ただし、株や社債は、国債を仲立ちとして取引されるため、一定量の国債は金融市場に不可欠の商品だ。ただ単に、利ザヤ稼ぎの商品ではない。だからこそ、関係者はマイナス金利でも手元に持っておきたいのだ。

すでに指摘したごとく、政府は企業と似ている。政府は国債を発行して国家運営をし、企業は融資を受けて会社経営をする。負債もあるが資産もある。だが、政府は中央銀行（日本の場合は、日銀）という最後の貸し手によって担保されているのに対し、企業はそうした強力な後ろ盾を持てない。その点が、決定的に異なる。であればこそ、政府は半永久的だが、企業はいつも倒産のリスクを抱えている。

したがって、政府負債の返済については、金という所得で返すというやり方に加え、永久に借り換えを続ける、それどころか、通貨発行で返すという奥の手まで使える。そのように強力な権限を有する国家が、財政破綻を来すとしたら、国債の金利が急騰することに因る。おまけに、政府の負債が自国通貨建てでない場合は、脆弱性《ぜいじゃく》がいっそう高まる。

日本の場合、これらの条件は存在せず、財政破綻を来す恐れはまったくない。また、先の敗戦直後を含め、未だかつて財政破綻に陥ったこともない。そもそも資本主義国においては、政府も企業も負債を増やし続けるものなのだ。日本政府の負債は、平成二十七（二〇一五）年を明治十八（一八八五）年と比べれば、百三十年で実質五百四十六倍に達している。

一方、アルゼンチンやギリシャは、実際に財政破綻を来した国である。アルゼンチンの場合、一九八〇年代に経済的混乱を来したため、IMF（国際通貨基金）などから大量の資金融資を受けた。ただし、救済措置と引き換えに、短期間でPB黒字化を達成するよう求められたのだ。この目標を達成すべく、緊縮財政（増税と歳出カット）を真面目に追求した結果、どうなったか。予定より早く目標は達成したものの、景気が悪化して税収が減り、政府が破綻状態に陥ってしまった。一方、ギリシャの場合も、二〇一〇年代にアルゼンチンとほぼ同じ路を辿った。おまけに、ギリシャの場合は、負債がユーロ建てであり、自国通貨建てでなかった。

財務省の思惑

PB黒字化目標は、アルゼンチンやギリシャの実例に見るごとく、国家の体力を削ぐものである。ましてや、何らの財政問題も存在しない日本に適用するのは、馬鹿げてさえいる。外国の格付け会社スタンダード&プアーズが、平成十四（二〇〇二）年に日本国債の格付けを「AAマイナス」と、ボツアナよりも低く評価したことがある。興味深いことに、財務省は、自身の見解と似たところのあるこの格付け評価に対し、意見書を出して抗議している。曰く、「日・米など先進国の自国通貨建て国債がデフォルトすることは考えられない、日本は世界最大の対外純資産国であり貯蓄超過国でもある」。では何故、財務省は自己矛盾もはなはだしく、国内向けに財政破綻の危機を煽り、PB黒字化目標を掲げ続けるのか。

一つ目に、財務省が緊縮財政を採るのは、明治時代からの伝統という面がある。そのせいもあって、緊縮財政に功労のあったキャリア官僚が出世する、という文化ができ上っている。国土強靭化や自衛隊国軍化は、多大の財政出動を伴う。そのため、財務省の唱える緊縮財政路線に抵触すること、甚だしいものがある。国益を食い破ってでも、彼らは自身の世間益（省益）を守ろうとするであろう。つまりは、「和の影②＝世間益による国益の食い破り」、が影響力を発揮することになる。

関連して、二つ目に、現状の資産対負債バランスシートを見れば、政府の財政状態は何の問題もない。だが、巨大な資産の中には、天下り先への出資金や貸付金が含まれている。天下り先を確保し、あわよくばその権限を増やしたい財務省にとって、バランスシート（とくに、資産の方）に注意が向くのは、困るようなのだ。ここでも、「和の影②＝世間益による国益の食い破り」、が顔をのぞかせている。

三つ目に、かなり深刻なことだが、財務省は平和憲法の精神に縛られて、身動きのできにくい状態に置かれている。実際、昭和二十三（一九四七）年三月公布の「財政法 第四条」で、単年度毎の財政収支バランスが謳われ、建設国債以外の国債発行が原則として禁じられている（単年度毎に「赤字国債特例法」を立法して、乗り切ってはいるが／昭和五十九〈一九八四〉年度以降に本格化）。戦争の拡大に国債の乱発で対応した、戦前を反省してのことである。国債を発行できなければ、武力に訴えることもできなかろう、と単純にも自縄自縛したわけだ（佐藤健志『平和主義は貧困への道』ＫＫベストセラーズ）。「穢れの影＝軍隊を嫌う平安貴族もどき」や「退嬰化＝国家の正当性と士気の喪失」が、問題の深刻化に貢献しているということだ。

四つ目に、日本の財務省は、ウォール街に巣食う国際金融財閥の意を体した、東京支店という性格を有するようなのだ（水島総〈日本文化チャンネル桜代表〉の指摘）。緊縮財政の堅持はそのためという面があり、日本の長期デフレはその副作用という面が強い。その結果、二重の意味で、アメリカを喜ばすこととなった。実際、日本のＧＤＰは落ちて、もはやアメリカの敵でなくなった。加えて、デフレ故に日本国内で消化できない大量のお金は、投資先を求めてウォール街へ流れ込み、アメリカ（そして、中国）を潤し続けて来た。つまりは、財務省のアメリカに対する「和の影④＝過剰適応による自己喪失」が影響力を発揮している、という話だ。

見過ごせないグローバリズムの悪影響

五つ目に、財務省のキャリア官僚がアメリカへ派遣留学をした際、経済的グローバリズムの洗礼を受けることが、緊縮財政の理論的な支えとなっている。

ここは重要な論点であり、やや踏み込んで説明しておきたい。(経済的)グローバリズムとは、人・物・金の移動を自由化すること。自由を至上価値とする世界市民の創出、といえば聞こえはいい。欧米人の価値観からすれば一つの理想であり得るし、また、日本の左翼リベラルも喜びそうなことだ。ただし、実際のところは覇権国アメリカによる、そして、実質的にはウォール街などに巣食う国際金融財閥を中心としたディープステート〈deep state〈奥の院〉／馬渕睦夫〈元外交官〉の指摘〉による、軍事力を背景としたルールの強制という面が強い。覇権国が中国でない分、未だマシということではあろうが。

だが、こうして国家の垣根を低くすれば、ユーロ圏における移民政策の推進がよい例で、国内の秩序や安定を破壊することにつながりかねない。しかし、影の仕掛け人たるディープステートが目指す世界像からすれば、それでいっこうに構わないのだ。彼らユダヤ系を中心とした連中は、元来が特定の国に縛られず、世界を股にかけて生きようとするのだから。

そこで、この自由化を妨げるのが政府の規制である以上、規制緩和・自由貿易・緊縮財政という三つ組政策を通じた、小さな政府の実現という動きになってしまう。かくして、グローバリズムは緊縮財政と結びつくことになる。

ちなみに、平成の日本は、財務省のキャリア官僚に限らず、グローバリズムに舵を切りっ放しである。それを象徴する最悪の出来事が、つい最近（平成三十〈二〇一八〉年十一月二十七日）、起こってしまった。平成末年の四月に新制度導入を目指す、外国人労働者の受け入れ拡大へ向けた「出入国管理法改正案」（実質的には、移民法案）が、自民党の主導で衆議院を通過したのだ。今や明々白々なことだが、日本には、反グローバリズムを唱える健全な保守政党が存在しない（中野剛士と柴山桂太『グローバリズム　その先の悲劇に備えよ』集英社新書）。移民法案こそ、日本の「帰還不能点」（point of no return）であった、と後世から指弾される事態にならなければよいのだが。

財務省支持派

国内の名立たる学者・エコノミストや主要なマスメディアは、こぞってPB黒字化目標の支持派である。そうなるよう、財務省が飼い慣らしている。学者・エコノミストは、財務省が関係する各種審議会や委員会などにメンバーとして加われることで、自らのステータスを高めることができる。海外視察には、財務省が顎足付きで行かせてくれる。トラップとは言わないが、かなりのインセンティブ（誘因）にはなっているのだろう。一方、マスメディアは、財政研究会という財務省の記者クラブを通さないと、重要なネタが取りにくい。妙な記事を書いて睨まれ、ここから締め出されたりしたら、やって行けない。

ついでながら、ＩＭＦなどの国際機関も、財務省に味方するＰＢ黒字化目標の支持派である。日本はアメリカに次ぐＩＭＦの大株主であり、財務官僚が数十人規模で出向して、主要なポストに就いている。何のことはない、ＩＭＦを利用して、ＰＢ黒字化目標の外圧を掛けて来るのだ。国内の左翼が、国連人権委員会などを利用して、政府に外圧を掛けて来るのと同様のやり方といえる。

おまけに、財務省は、お金の出と入りの両方を、予算編成権と徴税権で押さえている。予算編成権についていえば、政治家は、地域の個別公共事業（ダムや道路整備や農業土木など）とかかわる「箇所付け」予算が、財務省のご機嫌を損ねると減らされる。地元のために予算を取って来られないようでは、次の選挙が危ない。また、他省庁の官僚たちは、財務省のご機嫌を損ねると予算を減らされる。一方、徴税権であるが、財務省は国税庁という警察力まで持っている。例えば、平成二十一（二〇〇九）年には、朝日と読売が国税による税務調査で申告漏れを指摘された。それを機に、朝日は増税礼賛へと傾斜し、読売は財務省幹部の天下りを受け入れた経緯がある。新聞社にしてみれば、財務省の緊縮路線に反対すると、国税庁という伝家の宝刀を抜かれる恐れがあるわけだ。とかく脛に傷を持つ政治家などは、財務省の一睨みだけで十分であろう。

第三節　真正エリートの養成

極めて実現しにくい下支え策

凛として立つ気概が失われつつある昨今（次項を参照）、各界のトップを担う人材として、時間は掛かるにしろ真に正しい意味でのエリート（真正エリート）を養成することが望まれる。とくに、国政としての外交や軍事をタフにこなすには、こうした人材が欠かせない。戦後の平和教育を受けた、偏差値エリートがいかに心もとないかは、平成の衰退マインドが示して余りある。

もっとも、本節で話題とする「真正エリートの養成」は、深刻この上ない二種類の苦難（巨大地震による日本沈没、中国への隷属）に対して、即効性の下支え策となり得ない。とはいえ、日本に芯柱を与えるという意味では、究極的な下支え策となり得る。人造りに勝る策など、考えられないからだ。そうであるにもかかわらず、強力に足を引っ張りそうな要因がある。言わずと知れた、「和の影＝平等を求める社会主義好き」という、なかなかに厄介な国民性だ。戦前のゆるやかな身分制度さえ壊れ、戦後の高度大衆社会が到来した今日、「真正エリートよ再び」などと叫んでみても、賛同する声は聞こえて来そうにない。

こうして、「真正エリートの養成」は、極めて実現しにくい改善策とならざるを得ない。聖徳太子の「憲法第十四条」に曰く、「群臣百寮、嫉妬あることなかれ。賢聖を得ざれば、何をもってか国を治めん」。本節では、秦郁彦（『旧制高校物語』文春新書）、喜多由浩（『旧制高校　真のエリートのつくり方』産経新聞出版）、北岡伸一他（『エリート教育は必要か　戦後教育のタブーに迫る』読売ぶっくれっとNo二十三）などを、参考にしよう。

凛として立つ気概

さて、平成の衰退マインドに浸った日本人は、凛として立つ気概をほとんど失ってしまった。だが、振り返ってみれば、戦前から徐々に失って来たのだと思われる。

明治のスタート時点を基準に採り、凛として立つ気概を「一」とでもしてみよう。未だ武士道と草莽崛起《そうもうくっき》の精神が生き残っていた頃である。実学精神を逞しくして西洋に学び、殖産興業と富国強兵で、日清・日露を何とか乗り切った。大正時代に入って余裕ができると、教養主義が盛んになって西洋の哲学や文学などに傾倒し始め、凛として立つ気概は、譬えてみれば「二分の一」へと半減した。元々が「安定&まったり」志向の日本人であるから、明治時代の方が無理をしていたのだ。こうして、緊張が緩みかけ、大正教養主義が盛んになると、西洋の光り輝く面だけに目を奪われ、濃い影は視野に入りにくくなった。その意味で、戦前の旧制高校（次項を参照）は、教育に半ば失敗したのだと思われる。

戦後は、譬えてみれば「四分の一」へと、更なる半減を来した。何せ、アメリカによる日本弱体化工作とそれに呼応する国内外諸勢力の動きで、「退嬰化＝国家の正当性と士気の喪失」まで出現し、和の影が触媒となって極まったのだから。それでも、昭和の内は、各界の指導層に旧制高校の精神と戦争の実体験が未だ生きており、何とか踏みとどまった。だが、平成に入り、これらの人々が第一線から退いて、戦後の平和教育世代が取って代わったあたりから、更におかしくなった。平成の衰退マインドにドップリと浸り、凛として立つ気概は譬えてみれば「八分の一」、という惨状を呈するに至ったのである。

御代は替わって、令和。近未来に迫り来る深刻この上ない二種類の苦難（巨大地震による日本沈没、中国への隷属）と立ち向かうには、「平成の衰退マインドは捨て去れ！」。成長マインドで、再び凛として立つ気概が満ちて来る方向へ、行動を起こさねばなるまい。せめて「四分の一」にまで、叶うことなら「二分の一」にまで戻す必要がある。むろん、それは大正教養主義と似たような路線ではなく、欧米や中国の、そしてまた日本の、光と影をわきまえた路線である。

失敗し続けて来たエリート教育

明治開国以来の戦前は、ごく一部のエリートがこの国を引っ張っていた。その重要な一翼を担ったのが、男子のみが進学可能で、帝国大学の予科的性格を有した、三十八の高等学校（今日から見れば、旧制高校）。典型的には、「尋常小学校（六年間）→中学校（五年間）→高等学校（三年間）→帝国大学（三年間）」、というコースを辿った。

尋常小学校の六年間（ただし、明治四十〈一九〇七〉年以後）だけが義務教育で、そこから先はさまざまに分かれる、複線型の教育課程であった。例えば、中学校ではなく、実業学校へ進学する場合もあった。高等学校ではなく、授業料の免除される高等師範学校や海軍兵学校・陸軍士官学校へ進学する場合もあった。

そこで、旧制高校。十七歳～十八歳で入学したが、同年代男子青少年の一％にも満たないエリートたちが集う場であった。旧制高校まで辿り着けば、それ以上は受験に血道を上げる必要もなく、ほぼ全員が帝国大学へ進学できた。そのため、語学を中心とする一般教養に重点を置いた、文字通りの「ゆとり教育」が実施された。優れた教師陣がマンツーマンに近い教育を施したし、生徒はほぼ全員が寮に入って、自治的共同生活の中で切磋琢磨しつつ友情を育んだ。旧制高校が廃止されるまでに、卒業生は、およそ二十一万五千人に及んだ。

自身も旧制高校で学んだ中曽根康弘元首相（昭和十〈一九三五〉年に静岡高校入学）は、旧制高校の教育の本質について、次のように述べている。曰く、「『人間が本来、いかにあるべきか』ということでしょうね。自由、民主主義、人権といった基本的な価値観に目覚め、そこへ国家や世界、文学や歴史が入ってくる。生徒同士で議論を戦わせ、徹底的に批判することもあったけれど自由な発想を貴び、束縛をしない。右でも左でも学問的、人間的に卓抜な生徒は尊敬された。だから寮や図書館で猛勉強したのです」。

対照的に、戦後の教育課程は、「小学校（六年間）→中学校（三年間）→高等学校（三年間）→大学（四年間）」の単線型である。昨今では、同年代男女のほぼ全員が高校へ進学し、七百を優に超える大学へも約五十％が進学する。いわゆる大衆化社会の到来であって、戦後の高度経済成長を支えたことは間違いない。

だが、大学入学者のほとんどは、学士の称号を授与されて卒業できるのだから、教育内容は推して知るべし。学士号は学歴の保証になり得ず、入学した大学のネームバリューが、当人の知的潜在力を保証する。学歴社会ではなく、いわば入学歴社会なのだ。なお、戦後の教育課程に旧制高校の名残があるとしたら、大学の一般教育課程であろう。だが、戦前の贅沢なゆとり教育はどこへやら。専門教育課程のカリキュラムに食われて、細々と命脈を保っているに過ぎない。

戦前の典型的なエリートたちは、旧制高校時代に、贅沢なゆとり教育で幅広い教養を身につけ、人格の陶冶に努めた。その上で、帝国大学へ進んで、高い専門性を身につけたはずである。それなのに何故、軍部が大東亜戦争へと追い詰められるのを、拱手《きょうしゅ》傍観するしかなかったのか。西尾幹二（『諸君！』平成十五〈二〇〇三〉年九月号）も曰く、「負けると分かっている戦争を回避するための軍事学的知識や合理的計略の知力が、大正教養主義に浮かれた旧制高校エリートの戦前の知識人に欠落していたことが許せない」。

確かに、中曽根が旧制高校の教育を懐かしく振り返った下りは、「浮かれた旧制高校エリート」の感がぬぐえない。無理もないところだが、西欧近代の自立した個人と、それを支える自由・平等・博愛。その圧倒的なパワーが、戦前の若者たちにはことのほか眩しかったのだろう。だが、日本とはまったく別の意味で、「光強ければ、影もまた濃し」（ゲーテ）。彼らの闇、つまり、マキャベリズムに聡い面や、キリスト教が内包する聖なる憎悪（「第六章／第二節／第一項」を参照）、はたまた、アメリカに特徴的であった向西侵略欲などをも、直視すべきであった。

しかし、「和の影＝性善説のお人好し」は元より、「言霊の影＝リアリズム欠如の思考停止」で、相手の闇など想像するのもおぞましいと感じる日本人。しかも、二十歳前後の若者である。欧米人を過不足なく把握することなど、まったく以て困難であったろう。むろん、欧米人も顔負けな性悪説の持ち主である中国人の実態（「第六章／第二節／第二項」を参照）ともなれば、その道の専門家は別として、想像するのさえ難しかったに違いない。こうして、戦前のエリート教育は、半ば失敗したのだと思われる。

戦後は、教育がはるかに多様性を欠いている。何せ、単線型の教育では、偏差値（上位五％などといった、仲間内での相対的順位）頼みでどこまで高く昇れるか、しか眼中になくなる。多様な連峰のどれか（帝大もあるが、高等師範や陸士もあるといった）ではなく、同じ一つの山（山頂が東大で、中腹が地方国立大などといった）を、皆が目指しているだけだ。その勢いで大学に入り（何せ、入学歴社会なのだから）、惰性で大学を出れば（学歴社会ではないのだから）、エリート教育としては戦前どころでない。完全な失敗、ということになるはずだ。こうして、知識もさほど詰まっていなければ、教養もからっきし乏しい、偏差値エリートの誕生である。すでに触れたところだが、高度成長期には戦前のエリートたちが健在で、未だしも何とかなった。だが、平成に入った頃から、戦後育ちの偏差値エリートたちがトップを占め始めると、凛として腹の据わったひとかどの人物は、絶滅危惧種になってしまった。

期待されるエリート像

今こそ真正エリートが、凛として立つ気概のある人物が、求められている。私益はもちろん、世間益でさえなく、いざとなれば国益のために身命を賭する覚悟がある者のことである。その点が、偏差値エリートではまったく心もとない。同学年で学業成績がトップクラスに位置したからといって、凛として立つ気概など身に付くはずもない。むしろ、受験の偏差値競争で重ねた苦労の見返りを求めようと、私益や世間益の飽くなき追究者になる恐れ大、なのではなかろうか。

ちなみに、国益とかかわっては、イギリスの宰相パーマーストンが一八四八年に英国下院で述べた、次のような名言を紹介しておきたい。曰く、「永遠の友好国もなく、永遠の敵国もなく、永遠にあるのは国益のみ」（We have no eternal allies, and we have no perpetual enemies. Our interests are eternal and perpetual）。

さて、孫子の曰く、「彼を知り己を知れば百戦殆からず」（知彼知己、百战不殆）。

そこで、「己を知れば」（知己）とのかかわりでは、図表2に示したごとき、日本人が苦しめられている和の影および退嬰化（総じて、平成の衰退マインド）を自覚して、これらに足をすくわれにくいこと。それが、真正エリートに期待される基本的な人物像である。例えば、大勲位菊花大綬章の叙勲に与るほど、位人臣を極めた中曽根康弘元首相。その旧制高校物語は、いささか熱に浮かされたかと思われるほど、懐かしさに満ちたものである。その彼でさえ、「和の影②＝世間益による国益の食い破り」から、靖国神社への公式参拝を一回限りで中断した。そのため、中国に歴史カードの有効性を知らしめ、横暴外交の味を覚えさせる結果となったのだ。

次いで、「彼を知り」（知彼）とのかかわりでは、相手国に「手強い交渉相手」（タフネゴシエーター）と映ること。それが、真正エリートに期待される人物像である。欧米諸国や中国と交渉する時は、彼らの行動様式を知り尽くした上で、五分と五分の交渉ができるような人物である。押し込まれず、騙されず、したたかに振舞える人物である。日本人の常識は、「自分が一歩譲れば、相手も一歩譲るだろう」。だが、国際社会の常識は、「自分が一歩譲れば、相手は一歩入って来る」。別の言い方をすれば、「柔らかい土は、どこまでも掘られる」（上島嘉郎〈元月刊「正論」編集長〉の表現）。

とは言っても、欧米諸国や中国の上前を撥ねるのではない。正直・親切・誠実・寛大という、日本的美徳をあくまでも基本とする。その上で、堂々と正論を主張し、かつ、騙そうとする国を論破する言挙げの方法を身につけるのである（松原久子『言挙げせよ日本』プレジデント社）。ただし、「勇気がなければ、他のすべての資質は意味をなさない」（ウインストン・チャーチル）。日本的美徳の体現者であっても、それだけではダメなのだ。勇気を持つためには、怒るべき時に怒らねばならない。

残念ながら、日本人には、「穢れの影＝正当な怒りさえ表出できない弱さ」（図表2に掲載なし）が認められる。怒りに限らず、マイナスの感情を抱くことは穢れであり、水に流して忘れること（すなわち、禊ぎ）こそ美徳であるからだ。怒るべき時に怒る勇気があれば、事態は変わる。南京大虐殺や従軍慰安婦など、火のないところに煙を立てようとする中国や韓国とて、そう易々とは日本を貶めることなどできなかったはずだ。

ついでに、昨今の日本でキレル人（とくに、若者）が増えている。実のところ、怒れない人とキレル人は、車の両輪のような深い関係にある。怒りが自然な人間的感情であることを学んで来なかったから、生理的な抑圧の対象になるしかない。そのため、怒りを体内に抑え込めなくなると、自然現象のようにただ爆発するしかなくなるのだ（中島義道『怒る技術』ＰＨＰ）。

養成方法

先ずは、真正エリートの養成とかかわる、現実的な提案に耳を傾けてみよう。森口朗（『なぜ日本の教育は間違うのか　復興のための教育学』扶桑社新書）は曰く、「すべての国民に、指導者になった暁にはどう振舞えばよいか、教育することだ」。

森口によれば、日本は、経済的格差が広がりつつあるものの、本人の能力次第でどのような職業に就くことも可能な、超平等社会である。まさしく、「和の影＝平等を求める社会主義好き」。誰がエリートになるか分からない社会である以上、このやり方しかないはずだ。それに、日本のエリートに求められるのは、進むべき道を大枠で指し示すとともに、下から上がってきた情報や提案を判断し、その判断に責任を持つことだけだ。これがイギリスなら、生まれながらにしてのエリート教育が必要であり、アメリカなら、勝ち組にエリート教育を施せばよい。だが、日本は社会の構造が違うのだ、という。

もっともな提案ではある。だが、国民全体が「エリートとは何ぞや」の見識を浅く共有したとて、そこから選ばれるエリートは、相変わらず偏差値エリートの域を出ない。とてもではないが、真正エリートの水準には、達しないことであろう。そのやり方で、諸外国と渡り合い、国の被膜を守れるのだろうか。森口の柔らかい提案は、そうした懸念を払拭してくれそうにない。

そこで、ここまでの議論を踏まえるなら、国の肝煎りで真正エリート養成機関を新たに立ち上げるよう提案したい。一般国民を対象とした初歩的エリート教育は、そのための土台を用意してくれるはずだ。一般国民の中から真正エリート養成機関を目指す者が多数出て来るであろうし、その分だけ、両者の断絶は起こりにくくもなろう。真正エリートを養成する専門の高等教育機関を卒業した後、彼らは一代限りの貴族として処遇されるべきである。キャリア官僚への登用が容易になるのはむろんのこと、参議院に一定の議席枠が確保されるとか、国益に資する場合は経済的援助が与えられるとか。

なお、本人の知力および親の財力や見識に任せた「お受験」は、現状でも広く行われている。国がエリートの養成に乗り出せば、少なくとも親の財力は、考えなくて良くなるではないか。実現させるのは当面どころか、将来的にもきわめて難しいと思われるが、問題提起だけはしておきたい。

第六章　補　遺

第一節　日本人として心したい事柄

平等を求める社会主義好き

すでに指摘したところだが、フランス革命が掲げた「自由・平等・博愛」。これを尺度とすれば、日本人の場合は「和、平等、自由」という価値序列になる。自由の位は、三者のうちで最下位とならざるを得ない。「和の影④＝過剰適応による自己喪失」は、和と比べて自由の位がかなり低いことから導かれた。

一方、「平等、自由」の部分に着目すれば、本節で話題とする「和の影＝平等を求める社会主義好き」が導かれる。平等が自由より重んじられるため、自由が有ろうと無かろうと平等さえ保たれればよい、との考えに傾きかねないのだ。ただし、和が最上位にあるから、柔らかい社会主義にとどまりはする。

こう考えれば、日本で社会主義的な傾きの言説がとかく好まれるのは、元々の生地が淡いピンク色に染まりやすいからなのだ。戦後の「退嬰化＝国家の正当性と士気の喪失」が極まったについては、こうした要因の影響も考慮する必要がありそうだ。

保守と左翼

ところで、厄介なのは言葉使い。以下で述べるごとく、社会主義と左翼は本来別物である。日本の場合、戦前の社会主義は右翼と左翼の両方が存在したし、戦後の社会主義は主として左翼である。最近は、左翼がそう呼ばれることを嫌って、リベラルと自称したりもする。

そこで、議論へ入る前に、二つの点を確認しておこう。一つ目に、保守と左翼はどう違うのか。佐伯啓思（『自由と民主主義をもうやめる』幻冬舎新書）によれば、保守とは、人間の理性的能力に限界があると考えるが故に、過去の経験や非合理的なものの中にある知恵を大切にし、急激な社会変化を避けようとする立場である。これに対し、左翼とは、人間の理性の万能を信じるが故に、理性の力によって社会を合理的に作り直そうとし、また、歴史はその方向に進歩していると見なす立場である。

フランス革命が掲げた「自由・平等・博愛」。その一方である自由を中心的価値に据えて国家を建設したのがアメリカであり、もう一方の平等を際立たせようとしたのがソ連であった。つまり、アメリカとソ連は、いずれもフランス革命の申し子として誕生した実験国家であり、資本主義と共産主義の別はあっても、いずれ劣らず左翼的性質を色濃く有している。

これに対し、日本は、二千年以上の長い歴史を有しており、保守に傾きやすい国家である。ただし、「和の影＝平等を求める社会主義好き」でもあるから、とかくすると折衷型の右翼社会主義に陥りかねない。戦前が、まさにそうであった（後の項を参照）。

いずれにしろ、保守対左翼（ないし、リベラル）は、資本主義か社会主義ないし共産主義か、あるいは、親米か反米か、ましてや、グローバリズムか反グローバリズムか、といったこととは別種の概念である。

共産主義は願い下げ

関連して二つ目に、社会主義の極限形態とされる共産主義は、現代共産主義諸国の実態からして、願い下げである。そもそも、平等を最大価値とする理念自体が、問題を孕むと考えられるのだ。それに、革命（権力の急激な交代）など、ろくな結果を生み出しはしない。それにしても、「和の影＝平等を求める社会主義好き」な日本人のこと。未だ実現しない社会主義や、場合によっては共産主義に、見果てぬ夢を託する人はそれなりに（「良心的知識人」ともなればなおのこと）いそうであるから、あえて触れておきたい。

さて、人は自らに気づいた（言語を操るようにもなった）動物である。脳が大型化し、前頭前部が発達したため、過去十万年以内に起こった現象だ。自らに気づくと（加えて、言語を操るようになると）、どうなるか。この世界に対する欲求が膨らみ始める。支配欲求・金銭欲求・承認欲求の三つが、主なものと考えられる。

ちなみに、支配欲求については、欧米諸国や中国が聡く日本が疎いマキャベリズムとからめて、金銭欲求については、国際金融財閥の進めるグローバリズムという側面から、また、承認欲求については、日本人の好む裏の承認という角度から、それぞれ若干の議論は行った。

さて、これら支配欲求・金銭欲求・承認欲求であるが、二百五十年前頃の産業革命から加速度的に膨らみ出し、「もっともっと」がモットーの現代ストレス社会へ突入したのだと分かる。筆者は、こうしたいかにも人間的で過剰な欲求を、度外れない限り是としたい。人間の性《さが》を矯めることなど、できはしないのだから。

容易に理解されようが、これら欲求のいずれであれ、自由の下においてこそ満たされやすい。現実には、自由の故の優勝劣敗で、一部の大いに満たされる連中と、大多数の不十分にしか満たされない連中が出ては来やすい。とくに、グローバル化が進展すると、そうなりやすい。だとしても、社会的な仕組みの中で不満を和らげることはできる。これが、現に機能している資本主義というものであろう。もっとも、『世界中の格差に関する報告書』（オックスファムインターナショナル 平成三十一〈二〇一九〉年一月二十一付）によれば、世界で最も裕福な二十六人の資産合計は、経済的に恵まれない世界人口の下位半分（約三十八億人）とほぼ匹敵する、らしい。いささか度外れており、いわば「ヘドロの匂い」はする。

それに対し、平等の下だと、これらの欲求を満たそうにも原理的に無理がある。それでも欲求の芽は摘めないから、平等が災いして、表は綺麗に繕っても裏はきわめて醜悪な、共産主義が出現することになる。旧ソ連なら、ノーメンクラツーラ（赤い貴族）と秘密警察に収容所。現在の中国なら、オマケに、汚職を摘発する共産党幹部が汚職の巨魁という有様だ。当然ながら、国家による国民の（国民同士はむろんのこと）監視は厳しく、中国に至っては、情報機器を駆使したパノプティコン（全展望監視システム）社会を完成させつつある。これこそ、現に機能している共産主義というものであろう。考えれば分かることだが、国家の消滅に行き着く共産主義こそグローバリズムの極限形態なのであり、いわば「血の匂い」がする。

こうして、資本主義と共産主義を比べるなら、自由は平等に勝り、グローバリズムは行き過ぎたグローバリズムに勝る。比喩的に言えば、ヘドロの匂いは血の匂いに勝る。結局は、許容できるものと許容できないものとの差、ということになろうか。

戦前の右翼社会主義と戦後の左翼社会主義

さて、日本人の「和の影＝平等を求める社会主義好き」は、戦前の社会にどのような悪影響を与えたのか。渡部昇一（『渡部昇一の昭和史』ＷＡＣ ＢＵＮＫＯ）によれば、戦前の日本において、左翼社会主義（共産主義）はほとんど影響力を持ち得なかった。天皇制の廃止をスローガンとしたからである。

代わりに大きな力を持ち得たのが、天皇を戴く右翼社会主義。そして、これに飛びついたのが、軍部の連中（とくに、青年将校）であった。「五・一五事件」（昭和七〈一九三二〉年）や「二・二六事件」（昭和十一〈一九三六〉年）などは、右翼社会主義を奉じる軍部青年将校によって引き起こされ、やがて陸軍統制派（経済統制などによって、高度国防国家の創設を目指した）が力を得て、大政翼賛会（昭和十五〈一九四〇〉年〜昭和二十〈一九四五〉年）へとつながっていった。もう少し具体的に彼らの考えを述べれば、腐敗・堕落した議会を廃止し、天皇親政を目指す。資本主義に基づいた私有財産権を大幅に制限し、土地などすべての生産手段を国有にする。そして、資本家と労働者の貧富の差をなくし、国家の伸張を目指す。その実体は、天皇の権威を借りて独裁政治を実現し、社会主義的な政策を推し進めようとするやり方であった。

ただし、当時の時代背景は、考えておく必要がある（江崎道朗『コミンテルンの謀略と日本の敗戦』ＰＨＰ新書）。大正から昭和へかけて、国内の経済政策（例えば、昭和五〈一九三〇〉年の金本位制への復帰）は失敗し、格差や貧困や労働問題を抱える中、社会保障政策は未熟であった。そのような状況下で、当時の欧米で流行していた進歩主義と社会主義といった政治思想が、大きな影響を与えてしまったのである。

一方、戦後の日本に、「和の影＝平等を求める社会主義好き」の悪影響は、どの程度まで及んだのか。戦後の日本に大きな影響を与えたのは、ＧＨＱによる占領下の日本弱体化工作である。これが災いし、日本国内で左翼社会主義的な言動を逞しくする敗戦利得者達が、至る所で勢力を拡げることとなった。彼らは、ＧＨＱの呪いが見事に効いたのか、自国の弱体化を歓迎するという倒錯ぶりで共通している。世界に左翼はさまざま生息するが、自国の弱体化を望むのは、日本の左翼社会主義者ぐらいであろう。それかあらぬか、彼らは戦後の早い時期から国連中心主義の政治的グローバリストであり、地球市民たることを理想としている。むろん、昨今流行の経済的グローバリストでもある。そんな彼らが目指す究極の目標とは、天皇制を廃止し、日本の国柄を根本から破壊することだ。

もっとも、日本の保守にしたところで、概して政治的・経済的グローバリストである。昨今の移民法案で、見事に馬脚を現した。自国の弱体化を歓迎する一面があり、ＧＨＱの呪いはやはり効いている。つまり、両者の差は程度問題でしかない、という悲しい現実が戦後の日本を覆っている。

リベラリズム

それにしても、戦後の日本で左翼社会主義を奉じて来た輩。ソ連が崩壊し、国内での運動が行き詰まりを見せる中、平成に入った頃からは、自らをリベラリストと称するようになった。歴史は、資本主義から社会主義を経て共産主義へと進歩する。こうしたマルキシズム的高言はさすがに慎むようになったものの、この世界は疎外に満ちていると訴え始めた。それまでの進歩的知識人が、良心的知識人へと鞍替えを始めたのだ。

そこで、リベラリズム（liberalism）。個々人の多様な在り方を尊重する、他者に寛容な態度のことかと思いきや、決してそうではない。時代を経る中で、さまざまな使われ方をするようになった概念である。田中英道（『日本人にリベラリズムは必要ない』ＫＫベストセラーズ）によれば、人間のことは神に判断を仰ぐのではなく、人間が理性を以って語るべきだ。このように、「神の束縛からの自由」を謳ったのが、啓蒙主義の時代におけるそもそもの用語法であった。

それが、十九世紀にマルキシズムが登場したことで、一気に先鋭化した。世界はどの時代のどの地域も階級闘争の場であったと解釈され、資本主義を打倒して、社会主義さらには共産主義へと移行することが目標とされたからだ。そうした文脈において、リベラリズムは経済革命を通した「国家権力からの自由」、を指すようになった。

そして、ソ連の崩壊で共産主義への幻想が潰えた現在。資本主義の矛盾に根ざしたプロレタリアートの必然的貧困は、意味を失ったかに見える。だが、やりたいことができないなどの人間疎外は、相変わらず存在するし、資本主義が爛熟する中で顕著となりつつあるようにも見える。そこで、リベラリズムは文化革命を通した「人間疎外からの自由」、へと矛先を変えるようになったのだ。

これは、なかなかに手強い。人間疎外など、万古不易のネタだからだ。フェミニズム、ジェンダーフリー、カルチュラルスタディーズ（ロック音楽などのサブカルチャーも含め、文化に潜む政治性に着目する学問的な潮流）、多文化主義（特有の文化を認めず並列的に扱うことで、文化の垣根を越えた自由の身になれるという思想〈移民政策の推進などにつながる〉）などを通して、文化のもととなる伝統の破壊に精を出そうとする。最終的な狙いは、社会主義ないしそれに類似の政治体制である。その意味では、隠れマルキシズムといえる。

第二節　欧米人および中国人について押さえておきたい事柄

欧米人の聖なる憎悪

日本人にとって、アメリカ人と中国人は、否が応でも付き合わねばならない相手。一方のアメリカ人（を含めた欧米人）については、ここまで言及が多かったため、重要な一点のみを追加するにとどめたい。

すなわち、キリスト教を愛の宗教と考えるのは勘違いである。初期のキリスト教を別とすれば、愛の宗教と見なす考え方は異端視された。キリスト教徒の間においてだけ愛の精神を以って交わる式の、部族宗教に落ち着くしかなかったのだ（鈴木孝夫『日本人はなぜ日本を愛せないのか』新潮選書）。

考えてもみよ、キリスト教は一神教である。キリストならぬ邪神を戴く民と遭遇した時、どう対処できるのか。愛を以ってするなら、そのまま受け入れればよいのだが、それでは一神教の教義に反する。だからといって、改宗を迫ったり、果ては殲滅したりすれば、愛の精神に反する。だが、こんな葛藤は起こり得なかった。「イエスは彼らに近づいてきて言われた。『わたしは天においても地においても、いっさいの権威を授けられた。それゆえに、あなたがたは行って、すべての国民を弟子として、父と子と聖霊のとの名によって、彼らにバプテスマを施し、あなたがたに命じておいたいっさいのことを守るように教えよ』」（マタイ伝）。イエス自身が天地一切の権威を授けられているのだから、キリスト教徒もそれだけの権威を受け継いでいる、というのである。世界中へ出て行き、すべての国民を教化して悪いはずがない、という考え方だ（松原久子『言挙げせよ日本』プレジデント社）。

こうして、ポルトガルの航海者バスコ・ダ・ガマが喜望峰を回って以来の約五百年間というもの、欧米諸国はアジアやアフリカや新大陸を次々と侵略し、苛斂誅求を極める世界総植民地化に邁進したのであった（清水馨八郎『侵略の世界史』祥伝社黄金文庫／「第二章／第三節／第一項」も参照）。神の名において、恐ろしいほど非キリスト教徒を殺しまくった。例えば、十五世紀のスペイン出身のカトリック司祭ラス・カサスは、中南米の惨状を本国へ報告している。曰く、「この四十年間に、キリスト教徒たちは千二百万人以上のインディオを殺した」。

定方晟《あきら》（『憎悪の宗教』洋泉社）によれば、ユダヤ教はもちろん、キリスト教（そして、イスラム教）においても、いわば「聖なる憎悪」が核心に存在するという。例えば、キリスト教の精神をもっともよく表すといわれる、かの「汝の敵を愛せ」。新約の「愛敵」が、旧約の「憎敵」を超えたのは画期的であるとしても、超えたのは半分でしかない。「汝の敵を愛せ」とは言っても、「いかなる敵をも愛せ」とは言っていない。つまり、神の敵（非キリスト教徒）までをも愛するようには、命じていないのだ。

関連して、「だれかがあなたの右の頬を打つなら、左の頬をも向けなさい」。この教えを実行する人は、自分では良いことをしているつもりかも知れない。だが、相手を挑発し、相手に罪を重ねさせている。その「だれか」を許すのは、あとで多くを支払わせるためである。かのパウロも曰く、「自分で復讐しないで、むしろ神の怒りに任せなさい。なぜなら、「主が言われる、復讐はわたしのすることである。わたし自身が復讐する」、と書いてあるからである」。大体が、ある男がイエスの頬を打った時、イエスはもう片方の頬を向けたりしなかった。立腹して、「なぜ私を打つか」と聞いているのである（『ヨハネによる福音書』）。真に相手を思いやるなら、右の頬を打たれた時、静かに身を引くべきなのであろう。

似たような逸話は、聖書に数多く描かれている。他の類書（例えば、町田宗鳳『人類は「宗教」に勝てるか　一神教文明の終焉』NHKブックス、今西正次郎『聖書の誤り　キリスト教文明の大罪』KAPPA BOOKS）なども、参照していただきたい。

中国人の性悪説

他方の中国人については、ここまで言及が不十分であったため、重要ないくつかの点を追加しておきたい。

その前に、まずは日本の不思議。中国の実態が分からないのか、親中派や媚中派と思われる人物が、政財官学電（後二者は、学界とマスメディア）いずれの分野にもおびただしく存在する。一方では、漢詩・漢籍が醸し出した積年の幻想、革命がもたらした近年の幻影、先の大戦の加害者意識を裏返した贖罪意識。これら三つが互いに輻輳し合って、中国を冷静かつ客観的に見ることが阻害されて来た（岡田英弘『やはり奇妙な中国の常識』WAC BUNKO）。そうした土壌があった上に、いま一方では、マネートラップだのハニートラップだのと、中国お得意の鼻薬や媚薬がかなりの効果を発揮している。おまけに、ステイタストラップまで用意されるから、中国を見る目がますます曇ってしまう。

さて、中国四千年の歴史と言うが、日本のような一繋がりではない。黄河中流域の平原（中原《ちゅうげん》）をめぐる覇権争いから、せいぜい三百年程度で王朝が交代し、そのたびに支配民族まで が目まぐるしく変わる。漢や明を除けば、漢民族以外によって、王朝は建設されて来た（例えば、かの隋や唐は鮮卑族）。戦乱・内乱のない時が珍しいほどで、ときには気候の寒冷化や環境破壊なども加わり、数千万の単位で人口の激減する時期がたびたび訪れる。

そうした厳しい環境で生きる中国人にとって、何より大事なのは血縁関係である。辛うじて気を許せるのはここまでで、後は中国人が相手であろうと、ましてや外国人を相手にするときは、性悪説を採る。そもそも、国家という意識など存在しないのだ。

性悪説を採る中国人の、今も昔も変わらないゾッとする行動様式を紹介しよう。ラルフ・タウンゼント（田中秀雄と先田賢紀智共訳『暗黒大陸　中国の真実』芙蓉書房出版）の紹介する、あるアメリカ人の目撃談が極めて象徴的だ。曰く、「豚と中国人を満載したサンパン（水上タクシーのような小型船〈筆者注〉）が岸辺近くで波に呑まれ転覆し、豚も人も川に投げ出された。岸で見ていた者は直ちに現場に漕ぎ出し、我先に豚を引き上げた。舟に泳ぎ着いた人間は、頭をかち割って殺し、天の恵み、とばかり新鮮な豚肉を手にして、意気揚々と引き上げ、後は何事もなかったかのようにいつもの暮らしが続いた」。

裏の秘密結社と表の皇帝制度

多民族多言語の広大な中国では、しかも、いつ何時戦乱に巻き込まれるか分からない中国では、このように庶民がしたたかに生き延び、統治者が強力に権力を行使する。それを象徴するのが、裏の秘密結社と表の皇帝制度（岡田英弘『この厄介な国、中国』WAC BUNKO）。

そこで、まずは裏の秘密結社。他人同士が約束をしようとするとき、擬似的な血縁関係を持ち出す。特定の秘密結社に入り、会員との間に擬似的な兄弟関係を結ぶことで、生き延びようとする。日本で言えば、さしずめヤクザだ。現代中国の共産党王朝にしてからが、「洪門（別名、天地会）」という華僑の秘密結社と、浅からぬ縁がある。

次いで、表の皇帝制度。皇帝の座に就く者は、しばしば秘密結社の頭目である。彼は中原を支配し、流通ルートを支配する。商売の頂点に立って利潤を吸い上げ、その収入によって帝国を経営して行く。つまりは、大商人という性格を有する。

ところがこの御仁、もっとも徳の高い者であるが故にその座に就いた。儒教の易姓革命理論が、そう担保してくれるものだから、前王朝の関係者を不徳の輩として断罪し、歴史を自分に都合よく書き換える。現共産党王朝からすれば、戦前の中国で幅を利かせた日本は、不徳の故に大陸から追い出されたというわけだ。

また、最高の徳を備えた中国皇帝が、世界の中心に鎮座するのは当然で、辺境の東夷・西戎・南蛮・北狄など物の数ではない、とも儒教は担保してくれる。いわゆる、中華思想である。日本や朝鮮などの東方諸国は、東夷に当たる。それも、我が国は、朝鮮をはるかに越えて末席に控えるべき東夷と格づけられる。こうして、中国はもちろん、儒教の影響が強い韓国や北朝鮮も、侮日的感情を抱くというわけだ。

さて、中国の皇帝にとっては、自分だけが主人で、それ以外の人間は二種類しかいない。自分の手足としての使用人である官僚と、奴隷としての人民。科挙で選別されるキャリア官僚は三千人程度に過ぎず、大半の連中が各県の知事になる。連れていった関係者を役人に仕立て、中央へ税金を上納したあとは、奴隷としての人民から搾取し放題。「清官三代」と言って、どんなに清廉なキャリア官僚でも、賄賂をため込むことで孫の代まで贅沢ができたのだ。激しい貧富の格差と汚職の蔓延は、中国に古くから存在し、現在に至るも矯正し得ない宿痾である。

面子

かくのごとき厄介な中国人。四千年の歴史を通して築かれた処世術とは、いかなるものか。典型の一つが、「面子」である。孔子の思想のキーワードは、「仁」（意味の一つは、思いやり）だが、中国において、それはせいぜい努力目標でしかなかった。

彼らの言う面子とは、自分が特別扱いされることであり、特権を持つことを示したい心理である（内藤明宏『なぜ中国はこんなにも世界で嫌われるのか』幻冬舎新書）。腐敗やルール無視など、中国社会にはびこる多くの悪癖を支えているらしい。日本人のいわゆる面子とは、似て非なるものだ。

例えば、河北大学の構内で、スピードを出し過ぎた車が女子学生二名をはね、一人は死亡、もう一人は重傷という交通事故が発生した。運転していた男は逃亡を阻止された際、「訴えてみろよ、俺の父親は李鋼だ」と言い放ったのだ。その李鋼なる父親は、現地の警察局長であったことから、さすがの中国社会でも話題騒然となった。しかも、この李鋼事件が起きたのは、何十年も前ではなく、平成二十二（二〇一〇）年だという。

なぜ中国人は、平気で嘘をつくのか（江河海『こんなに違う中国人の面子』祥伝社黄金文庫）。道を聞かれた時、さも親切そうに平気で嘘を教える。タクシーの運転手なども、「任せておけ」と言いながら、同じところをグルグル回って、明らかに道に迷っている。「分からない」と言うのは、面子が許さないのだ。

おわりに

筆者は、退職後の八年間というもの、もっぱらこの原稿と格闘して来た。その着想を源流まで辿れば、五十歳代始めということになるから、二十年以上の歳月を要した。

書き上げて思うのだが、素材としてはかなりの部分、すでに知られたものを集める結果となった。だが、調理法には、筆者なりの工夫を随所に凝らすことができた。門外漢としては苦労の連続であったが、心理学の徒であればこそ、興味深い視点を提供できたようにも思う。

和の影や退嬰化、そして、平成の衰退マインド。鍵となるこれらの概念が、平成にも増して困難が予想される令和の、真っ只中を生きる人々にとって何がしかのヒントになっていただけたら、分に過ぎる喜びである。

閑話休題。

「空の　空なるかな　その空なること　風を追うがごとし」

（『旧約聖書　コヘレト』の一節）

筆者は、この一節を聖書とは別様に解釈し、大いに気に入っている。

北海道の夏は、乾いた爽やかな「風」が、果てしない草原を吹き抜ける。草や木の緑は、葉緑素を溜め込まないまま、太陽の光を通すほどに淡い。そのはかなさが、カラッと乾いた果てしなさに包まれて、心地よく「空」の調べを奏でる。

私の好きな、The Brothers Four の「The Green Leaves Of Summer」と響き合う。

古希を少し過ぎた今年もまた、桜を観れたことに感謝しつつ

令和元年の五月吉日に

澤田幸展（さわだ　ゆきひろ）

昭和二十（一九四五）年、北海道生まれ。心理学者（ストレス研究）。札幌医科大学名誉教授。北海道大学文学部卒業の後、札幌学院大学教授、ロンドン大学訪問研究員、札幌医科大学教授などを経て現職。実験室でのストレステストに対する循環器反応と関連する国内外での論文多数。博士（文学）、博士（医学）。

和の影が日本人を苦しめている

平成の衰退マインドは捨て去れ！

令和元年五月十七日　第一刷発行

著　者　澤田　幸展

発行人　荒岩　宏奨

発　行　展　転　社

〒101-0051　東京都千代田区神田神保町2-46-402

ＴＥＬ　〇三（五三一四）九四七〇

ＦＡＸ　〇三（五三一四）九四八〇

振替〇〇一四〇―六―七九九九二

印刷　中央精版印刷

定価［本体＋税］はカバーに表示してあります。

ISBN978-4-88656-481-8

てんでんBOOKS
[表示価格は本体価格（税抜）です]

神武東征神話は史実である　六角克博
●教師が生徒に語りかける授業形式で、神武東征虚構論に反証し、古代史の謎を解明していく！
2000円

紅蔘の研究と戦後メディアの欺瞞　阪中雅広
●紅蔘とその成分ジンセノサイドRb1は、生命体やその構成細胞をあたかも包み込むような作用がある。
1600円

皇太子殿下のお歌を仰ぐ　小柳左門
●御即位奉祝！本書では、皇太子殿下の歌会始と明治神宮鎮座記念祭でお詠みになられたお歌四十二首を解説します。
1400円

新文系ウソ社会の研究　長浜浩明
●本書は騙しのテクニックを解明し、ウソの害毒を乗り越えるための解決方法を明らかにする。
2000円

日本人を赤く染めた共産党と日教組の歴史観を糾す　安濃豊
●日本共産党と日教組は自分たちにとって都合のよい歴史を捏造し、国民に植えつけ洗脳してきた。
1500円

フリーダム　江崎道朗
●わが国に真の自由（フリーダム）を取り戻せ。外国や官僚に依存する戦後体制をいつまで続けるのか。
1500円

日台関係を繋いだ台湾の人びと2　浅野和生
●国交断絶後も、日台交流を保ち、新たな日台関係の構築に尽力した林金莖、羅福全、謝長廷の軌跡を描き出す！
1700円

朝鮮総連に破産申立てを！　加藤健
●朝鮮総連が傘下の朝銀を破綻させたため、日本国民は血税1兆円以上も負担させられた！
1700円